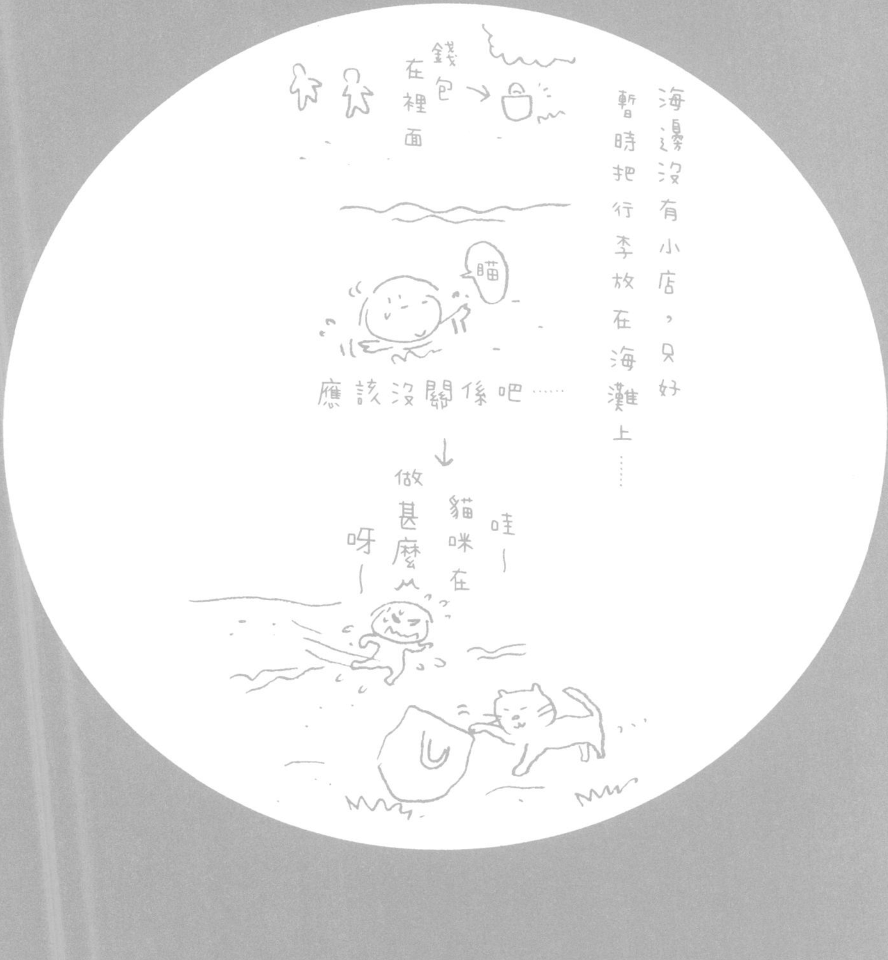
海邊沒有小店，只好
暫時把行李放在海灘上……
錢包在裡面
喵
應該沒關係吧……
哇～
貓咪在做甚麼呀～

一個人去旅行
2年級生

高木直子

陳怡君◎譯

一個人去旅行，
依然持續中。

前言

經過一整年的時間，

一個人去旅行終於晉升到2年級了!!

心想自己應該比以前更成熟穩重了吧……

沒想到出發前夕，內心還是緊張得噗噗跳。

既然是2年級生，

搭火車、搭渡輪、搭飛機，

北至北海道，南至沖繩島，

各式各樣的一個人旅行，我都很努力地嘗試了。

這些驚險又有趣的一個人去旅行2年級生遊記，

現在就邀請大家一起來分享!!

喀答……
喀答……

目次

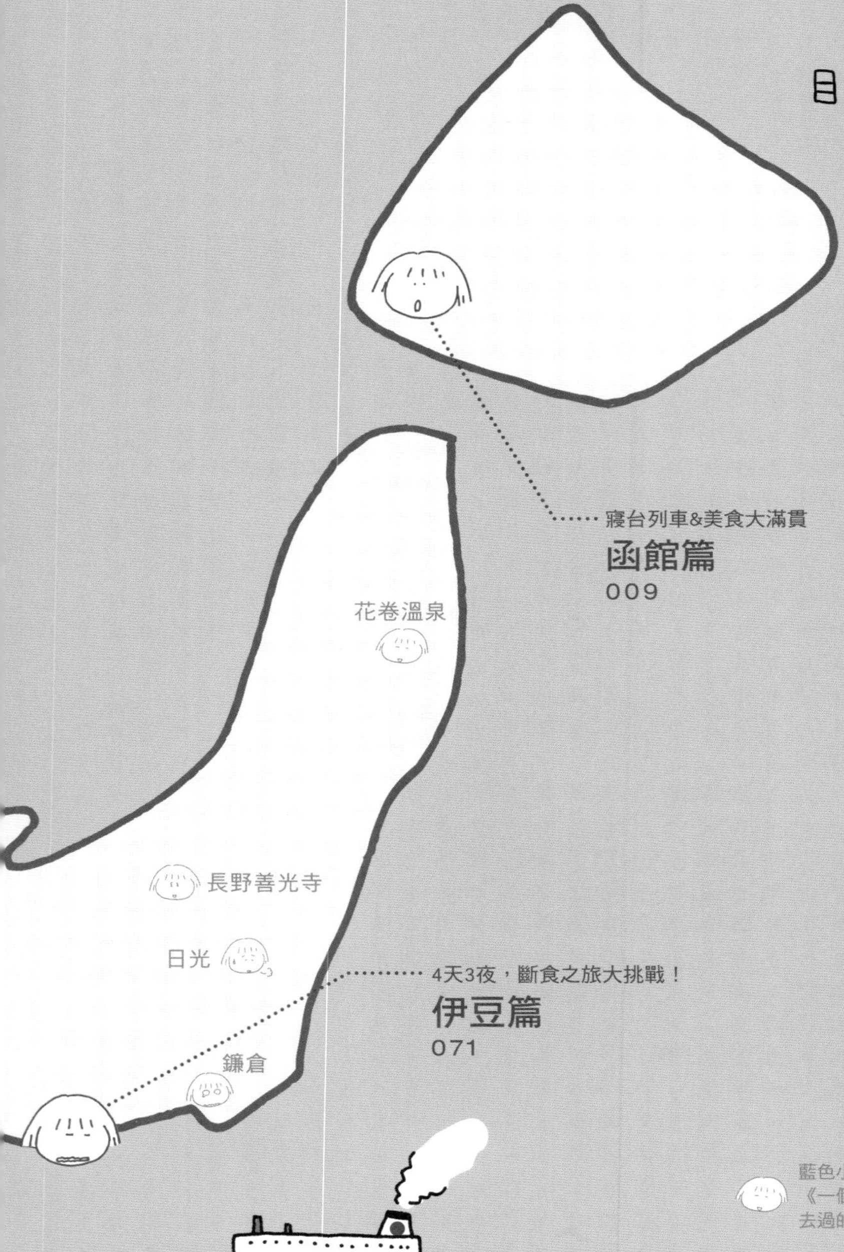

寢台列車&美食大滿貫
函館篇
009

4天3夜，斷食之旅大挑戰！
伊豆篇
071

藍色小臉圖案為《一個人去旅行1年級生》去過的地點。

特別報導
竟然發生在我身上之班機停飛篇
141

石垣島上充實的14天
沖繩八重山篇
093

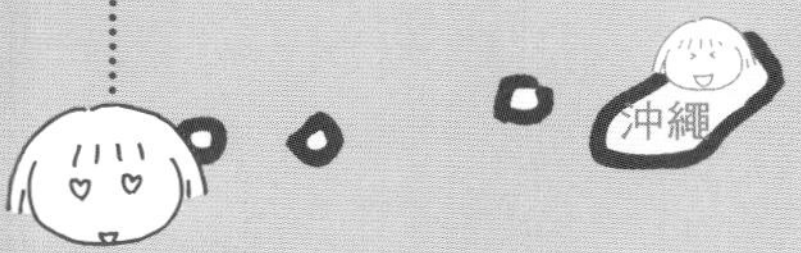

青春18車票的順路火車行
靠鈴鐺護身之中山道篇
051

搭渡輪跨海大啖烏龍麵去！
四國篇
029

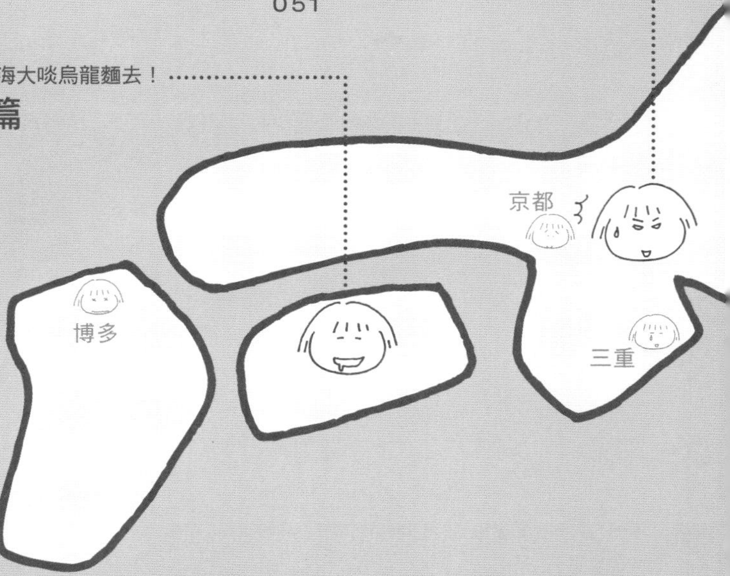

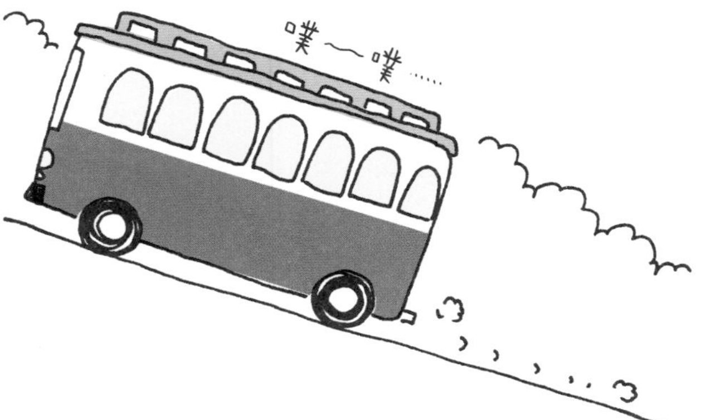
噗～噗……

寢台列車&美食大滿貫

函館篇

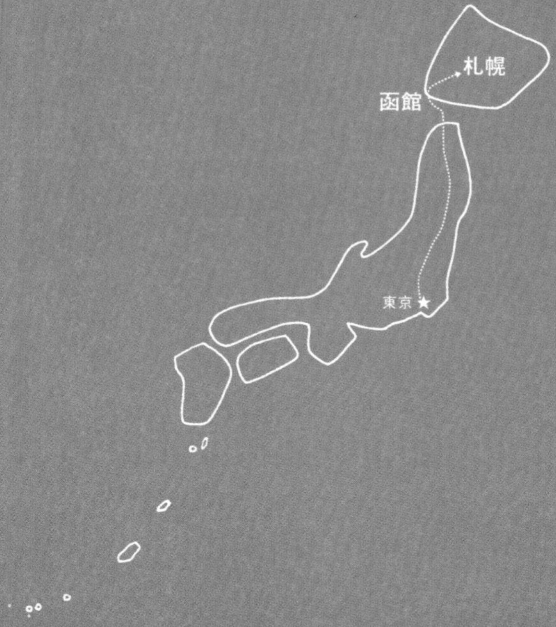

很久很久以前…
6歲時的我
咦？
弟弟
交通工具圖鑑
寢台…？
寢台特急 藍色火車
有3層床鋪哦！
好像旅館唷！
好棒～喔，電車裡竟然有床～？
好想～
好棒唷～ 好棒唷～ 真想坐坐看耶～♡
太酷了～
…心裡一直有這個念頭，但日子一天天過去，到現在都還不曾搭過
現在該是實現當年願望的時候了
我要搭寢台列車北斗星號到北海道去～!!
這趟旅行就這樣成行了!!
首先到發車地點上野車站
上野
UENO
人聲鼎沸
哇～上野車站人好多哪～
第13月台即將發車的是
寢台列車HOKUTOUSEI
19:03 往札幌
熱鬧～
喧騰
…啊!! 找到上車的月台了!!
呵呵～光看到寢台列車這四個字就讓人興奮不已呀～
這幾個字還有往札幌也是～♥
列車終於靠站了
喀答…
喀答…
北斗星
哇～耶～♥
喀嚓
喀嚓
整個人都飄起來了

我想像中的寢台列車是……
這個樣子的
好窄…
呼嚕～
只以窗簾隔開
不過北斗星號裡有一種稱為「SOLO」的個室
門上附鎖，單身女子也可放心搭乘!!
卡片式的
附窗簾的房間也是相同價錢
上下鋪
但這種單人房非常受歡迎，很快就被訂光了
預約要趁早呀!!
雖然空間稱不上寬敞，住起來還算舒適
上面是另一個房間
150 cm
哇～我站著的高度剛剛好耶～
選擇這種單人房搭乘到終點札幌的費用是25,270日圓
感覺比搭飛機更氣派耶
呵呵呵……
另外還有更高級的皇家套房哦
就這樣朝著北海道出發了!!
喀答….
哈～真開心，真是太開心了啦～
喀答….
滾來滾去
喀答….
喀答….
還有窗戶耶，真好哪～
喀答….
啊，來聽點音樂吧
很小的按鈕
常備品
啊哈哈，仔細看這浴袍，上面還有JR的圖案耶～
得意忘形的結果，竟然有點暈車了
嗚嗚…要知道自己現在是在車上啊…
絕不能面對列車行進的反方向坐……
喀答….
喀答….

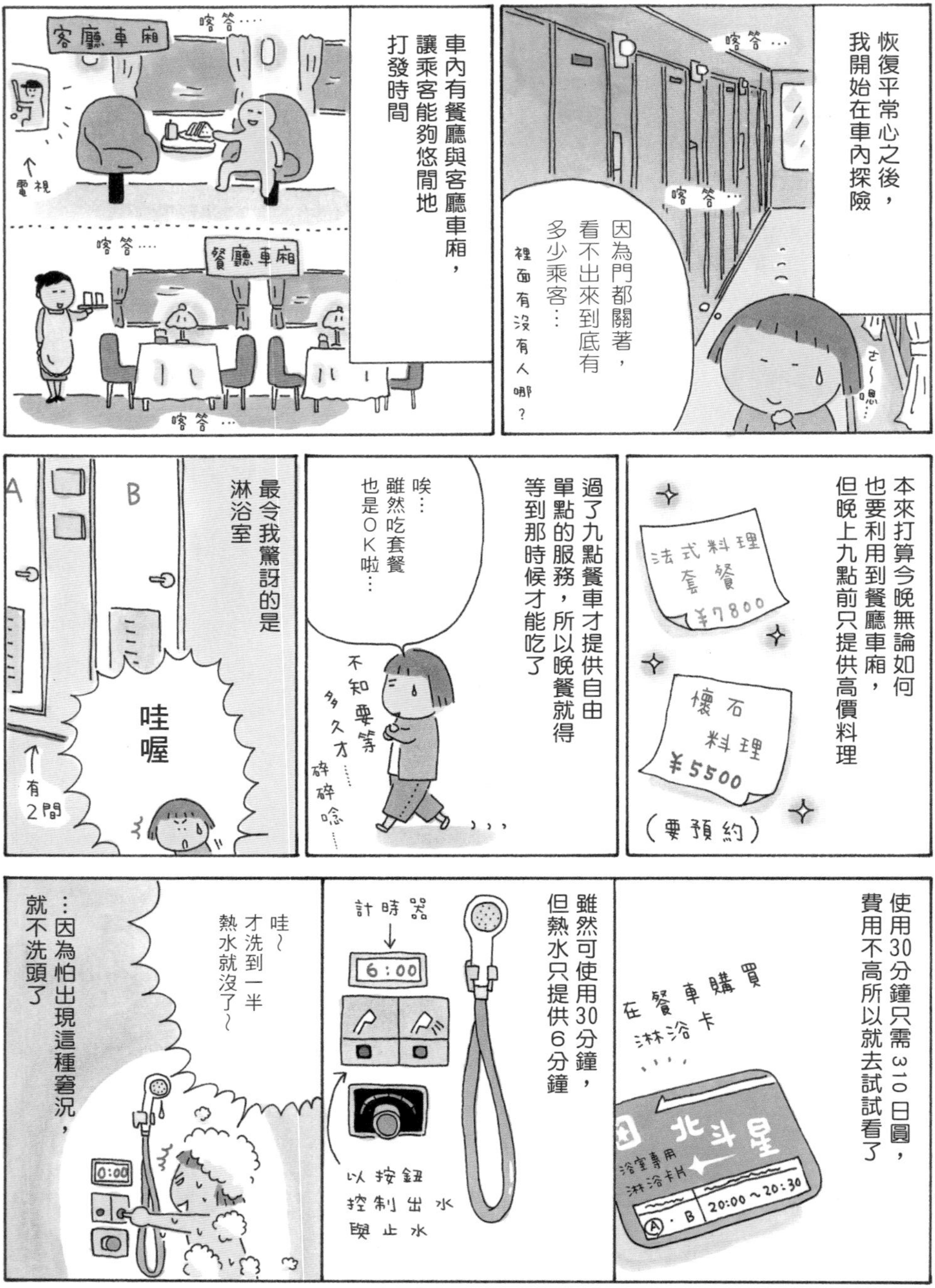
恢復平常心之後，
我開始在車內探險
喀答…
喀答…
因為門都關著，
看不出來到底有
多少乘客…
裡面有沒有人哪？
ㄜ～嗯…
車內有餐廳與客廳車廂，
讓乘客能夠悠閒地
打發時間
客廳車廂
喀答…
電視
喀答…
餐廳車廂
喀答…
本來打算今晚無論如何
也要利用到餐廳車廂，
但晚上九點前只提供高價料理
法式料理
套餐
¥7800
懷石
料理
¥5500
（要預約）
過了九點餐車才提供自由
單點的服務，所以晚餐就得
等到那時候才能吃了
唉…
雖然吃套餐
也是OK啦…
不知要等多久才……
碎碎唸……
最令我驚訝的是
淋浴室
A
B
哇喔
有2間
使用30分鐘只需310日圓，
費用不高所以就去試試看了
在餐車購買
淋浴卡
北斗星
浴室專用
淋浴卡
A・B
20:00～20:30
雖然可使用30分鐘，
但熱水只提供6分鐘
計時器
6:00
以按鈕
控制出水
與止水
哇～
才洗到一半
熱水就沒了～
…因為怕出現這種窘況，
就不洗頭了

實際進淋浴間嘗試之後，
我覺得6分鐘的熱水是挺夠用的
甚至還有時間洗頭呢～
喀答…
喀答…
熱氣
呼暖呼
回房間一定得經過許多人正愉快地享用套餐料理的餐廳車廂
回到房間正想放鬆一下時…
各位親愛的乘客，現在餐車開始提供自由點餐的服務
哇
終於等到了～
這是我第一次在餐車吃飯，心情有點緊張
興奮
緊張
歡迎光臨～
Wine List
Pub-Time MENU
義式漢堡套餐 ¥2000
牛肉燉飯套餐 ¥2500
牛肉咖哩 ¥1200
海鮮奶汁義大利麵 ¥1200
沙拉……¥600
麵包……¥200
唔～嗯…
我要～生啤酒和牛肉咖哩…
好的
緊張
緊張
讓您久等了
來了～
北海道限定啤酒 SAPPORO CLASSIC
SAPPORO
能夠像這樣在行進中一邊享受美食，實在太氣派了…
喀答…
哇啊～
喀答…
喀答…
旅行就是該像這個樣子啊～

呵呵…這趟旅行光是如此就讓我非常滿足了…
也太容易滿足了吧？
感～動…
車上的單身男子好像滿多的…
喀答…
喀答…
團體客、情侶、外國人、單身女生等等各式各樣的人
還有自己一個人來的老伯
大概有80歲了吧？
看起來很時髦
看來列車之旅或多或少是男人們的浪漫夢想啊…
喀答…
呵～真好吃～
呼～
喀答…
已經晚上11點了唷
該睡覺了
喀答…
刷 刷
喀答…
還附有洗臉台
因為明天要在終點札幌稍微前面一點的函館下車，抵達時間比較早
札幌 11:15抵達
函館 6:34抵達
上野 19:03出發
沒想到我竟然無法放鬆，整晚都沒辦法好好睡…
喀答…
唔～嗯……
搖搖晃晃……
喀答…
喀答…
喀答…
明天我要去函館觀光耶～
快點睡啊～快睡著吧～
喀答…
喀答…
過了幾小時後…
喀答…
嗡—
聲音不一樣了!?
啊
睡得很淺

清晨5點左右…
哦，是隧道!?
嗡—
彈起
看來似乎現在正進入青函隧道
列車在隧道裡通行了一陣子…
嗡—
興奮 興奮
→早就睡不著了…
終於列車出了隧道
喀答…
耶~!! 終於來到北海道了~!!
喀答…
喀答…
哇~這邊的窗戶可以看得到海耶~
推開
清晨的太陽~♪
喀答…
嗯~~各位親愛的乘客早安，昨晚大家睡得還好嗎……
↑車內廣播
咦?
昨天有太平洋，今天早上是津輕海峽的朝陽，接下來還有雄偉的景色等著大家哦，敬請期待
好浪漫哦……
哇啊…
感~動…
畢竟不久就要下車了，得趕緊整理行李
喀答…
好像有點意猶未盡呢~
唉~
喀答…
車掌先生還會四處巡查，看看有沒有人睡過頭了，真是貼心哪…
咚咚
還有10分鐘就要到站囉~
好的~
於是我一大早就抵達函館
哇~啊!! 終於到達這遙遠的函館了~!!
↑冷到吐白煙

首先去拜訪函館車站前的早市
活花枝釣場
～♪
真不愧是北海道啊!!
花枝
海膽
花咲蟹
扇貝
鮭魚卵
哈密瓜
毛蟹
松葉蟹
馬鈴薯
到處都能找到美味的食物
附近店家此起彼落的叫賣聲更是熱烈
小姊姊，來試吃看看嘛～
歡迎光臨～
這裡有好東西哦～
最怕這種場面
啊呵呵…
來這邊看看嘛
妳打哪裡來的呀～
妳在找甚麼呀？
3000円
於是我到蓋飯橫丁市場裡吃早餐
食堂
北海丼
好恐怖～
華麗～登場
海膽、鮭魚卵、蟹肉三色蓋飯
￥1890
對於最愛吃海鮮的我來說，再也沒有比這個更奢侈的早餐了…
太～～好吃了啦！
嚼
嚼
嚼
嚼
比較擔心的是自己的體力…
在這種睡眠不足的情況下，我的體力究竟能夠撐多久呢…
呵呵……還沒七點呢……

既然千里迢迢來到函館，我把行李寄放在旅館後，馬上就展開觀光之旅!!
哇～路面電車好可愛唷～
喀答……
喀答……
有各種不同花樣的車身設計
一時陷入異國風情氣氛中的我，立刻就去參觀教堂與洋房
嘿咻
嘿咻
大部分的參觀地點都位在山坡上
天主教元町教會
函館很早就開港歡迎外國人，所以這裡留下了不少古老的西式建築
哇～好像一幅畫唷～
參觀遊客絡繹不絕
函館聖約翰教會
函館東正教教會
恰恰漫坡
啊哈哈，這條上坡路竟然名為恰恰漫坡耶——
好可愛的名字唷～♥
這個「恰恰」在愛奴語中的意思是老爺爺
上坡的人必須像老爺爺一樣彎著身體才爬得上去，是一條非常陡的斜坡道
導遊小姐
團體客
天哪～原來是這個意思喔～
爬上這條斜坡後，函館港的美景一覽無遺
哇啊～
從舊函館區公會堂的陽台處眺望

緊接著是函館的大明星北島三郎紀念館
位在大樓裡
這時候…
請讓我為您帶路~
售票處
咦？
原來還會有導覽小姐提供詳細的解說服務
這邊是北島先生孩童時期的照片
哈哈哈，原來長這樣啊~
和從青森來的夫妻檔一起參觀
館內依序展示著三郎先生從沒沒無聞到成為大明星一路走來的歷程
他一邊吃著母親幫他準備的便當，一大清早就搭車通勤
高中之前都是搭車往返函館求學展示區
三郎先生的蠟像
暖爐
汽車內部場景重現
哦~
好冷……
前往東京時搭乘的青函連絡船展示區
對於未來內心充滿了不安，忍不住的眼淚不斷流了下來
YOTEI MARU
從船首遠眺而出的場景重現
感~動~……
哦……
最後是由製作精巧的三郎先生機器人所演出的舞台表演秀…
登~場
機器人
這個機器人無論是外表或動作都栩栩如生，和本人簡直沒兩樣…
啊~祭典呀~是祭典呀~
令我忍不住大笑
祭典呀~
啊哈哈哈
從青森來的太太也是

雖然只是間逛時臨時決定進去看看的紀念館，卻相當有意思
那個機器人很值得一看哦
有點迷上三郎先生了……
之後去吃函館名產鹽味拉麵當午餐…
咦!?
抖抖
睡魔不知何時上身，只好先去旅館 check in
糟…糟糕，超想睡的…
旅館
搖晃
辦好住房手續之後馬上就睡午覺補眠去
呼哈～
還是不會搖晃的床好睡呀……
等我睡醒睜開眼睛時……
漆黑一片
驚醒
啊，天已經這麼黑了…
說到函館的夜晚…
去函館山看夜景吧。Let's go～!!
從旅館走一小段路有個纜車站，只要3分鐘就能抵達山頂
嗡～嗯
能搭載125人的巨大纜車
我一直很想看看這裡的夜景，旅行前幾天還很擔心天氣的狀況…
本週全國天氣預報……
啊～老天爺～
函館
如今展現在我面前的是…
纜車上車處
嘩
嘩
哇

能見度絕佳的百萬夜景!!
啊哈～
嗚嗚嗚…
太好了…
終於看到了…
不過還真冷耶…
心滿意足地下山後，差不多該是吃晚餐的時間了…
函館山纜車站
嘩 嘩
可是肚子不怎麼餓耶～
因為睡飽了…
聽說今天投宿的旅館裡有個能眺望夜景的美麗酒吧
旅遊指南寫的
函館國際旅館
正當我打算去瞧瞧那酒吧長甚麼樣子時…
噹
9
啊哈哈……
偷偷摸摸
歡迎光臨
LE MONT GAGYU
一位客人嗎？
啊…是的
驚
哇～找到了～!!
…就這樣戰戰兢兢展開我的酒吧初體驗
嗯～我要這個招牌雞尾酒還有巧克力…
好的…

從這個酒吧能夠向下眺望函館港的夜景，很有大人的氣氛…
嗯～氣氛真好♡
之後…
送上
咦？
是那位客人請客的
嗨
心跳
啊～～
雖然沒發生甚麼事，但也算是難得的美好經驗
謝謝光臨
呵呵呵…一個人去酒吧，感覺自己像個大人一樣成熟呢…
啊呵呵…
此外並沒有其他落單的客人
自我陶醉
今夜就這樣結束
再次…
呼哈～
Z Z
隔天早上
嘩
嘩
函館早市
今天也和昨天一樣在函館車站前的早市吃早餐
大口
嚼
花枝生魚片定食 ¥1050
今天的任務是在這個早市挑選北海道土產送給故鄉的阿爸與阿母…
老爸
老媽
小狗
您好！歡迎光臨！
扇貝
螃蟹
螃蟹

每家店都非常熱情地招呼客人，讓人打不定主意該去哪家
歡迎 歡迎
嘎啦 嘎啦
來歡迎，試吃～
您在找些甚麼呀？
ㄜ～我…
看這裡？看這裡
怎麼辦…要選哪家…該買哪個…去哪裡好…
歡迎～
頭昏腦脹
來這裡～
猶豫不決
請進
最後…
小姐姐，已經逛第2圈囉～
決定買哪個了嗎？
天哪～被認出來了～
唔～嗯…
便宜賣哦～
歡迎光臨～
嘩
請進～
瞄
雖然很想再逛一圈…
但大家好像都認得我的臉了…
嘩 嘩 嘩 嘩
索性變裝吧♡
呵呵……戴上帽子外套和圍巾
啪
不過依然徒勞無功…
小姐姐，第3圈囉～
昨天也是這樣四處逛哦～
甚麼!!還是被識破了
而且從昨天就被認出來了!?
怎會這樣～
在這一連串糗事之後，我來公布買了哪些東西送給雙親
哈密瓜
甜點
鮭魚卵
鹹魚
呼～
的套裝組♥

從旅館 check out 之後
繼續在函館觀光
搭乘復駛的明治時代路面電車「箱根HAIKAR號」
喀答……
喀答……
車長先生幫我拍照
來，笑一個
美好的回憶
我的照相機
往五稜郭
哇喔～
從五稜郭塔上能看見星形圖案……
但進到裡面去
卻只是個普通的公園
在函館吃飽喝足之後
搭乘電車往札幌移動
札幌
函館
函館到札幌看起來好像路程不遠，
搭電車卻也得花上3小時
喀答……喀答……
真棒～
北國大地感覺
就像個
單身女子呀～♡
海膽鮭魚卵便當
BEER
札幌
我在札幌與多年不見的
高中同學相會，
決定當天住在她家
呼～
到了
到了
嗨～
啊，小熊～!!
小豬～!!
和許久不見的老友
彼此以從前的小名互稱，
感覺有點害羞
名字倒著唸
就成了「小熊」
啊哈哈
高木小豬是也
我是小豬～
我和這位身在北國的老朋友
一起去吃蒙古烤肉…
咻
咻
SAPPORO
啊哈哈……
於是在北海道又開心地大吃了一頓

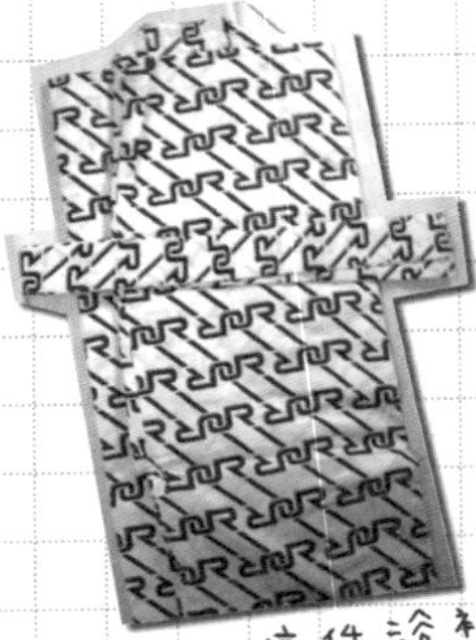

真想把這件浴袍
帶回去當紀念唷～♡

往北海道
出發囉!!

餐廳車廂……

喀答

喀答

鮭魚卵♡ 海膽♡ 蟹肉♡

全部都是我愛吃的♡

哇哈～

我也是個大人囉……

呵呵呵……

軟癱～

函館港一覽無遺!!

嗝~

SAPPORO啤酒的招牌熊

清澈透明且有點殘忍地~

便宜賣唷

來試吃看看!

小姐姐

歡迎光臨

寶石箱耶~!!

笑一個

呵呵♡

喀嚓喀嚓

提到要搭寢台列車時
是喔～
男
真棒～我也好想搭唷～
好羨慕哦～
男
我沒想過要一個人去旅行啦，倒是很想搭一次寢台列車
男
對於寢台列車，男性們似乎都覺得很棒
很有銀河鐵道999的氣氛
999
隨興在床上翻來滾去
偶爾注意一下目前開到哪個車站了
在前往札幌的列車上
喝SAPPORO啤酒♡
現在的我正進行一趟傷心的單身之旅……
喀答……
卡咚……
……像這樣胡亂想像著
躺在床上腳能夠伸直哦
150 cm
喀答……
卡咚……

我也喜歡吃螃蟹
天氣太冷於是路上買了圍巾
馬上就能用了……
偶爾會遇到有人要求幫忙做問卷
您是從何處搬來這裡的？
・市內
・道內
・道外
是指我嗎？
道外!?
感覺好像被排除在人道之外喔……
在函館
日本最古老的水泥電線杆
有這種的東西
日本最古老
建於1923年
札幌高湯咖哩
超好吃
北國浪漫……

函館集錦

長久以來，搭乘寢台特急列車一直是我的夢想！因此這次能夠順利成行，實在太讓人開心了。

夜間行駛的列車聽起來就超浪漫，甚至有點感性。明明就是一趟開心愉快的單身之旅，卻莫名地沉醉在彷彿遭受甚麼刺激的傷心女子，一個人去旅行的想像氛圍中。

在北海道雖然能吃到各式各樣的美食，但我一個人實在沒勇氣踏進店裡點一份螃蟹吃。即使我超愛吃螃蟹，也只能抱憾而歸。從函館到札幌的列車，透過車窗就能瞧見那雄偉壯觀的山河美景。

我的房間。
床鋪的大小剛剛好

啊…
令人憧憬的餐廳車廂…

單人房的鑰匙卡片。
北斗七星圖案真是可愛

➡DATA
寢台特急「北斗星」號●行駛於上野～札幌間的寢台特急列車。時刻表・車資等詳情請洽此處。☎TEL：050-2016-1600（JR東日本電話中心）
函館早市蓋飯橫丁市場・第一商業協同組合 ☎TEL：0138-22-6034
北島三郎紀念館●北海道函館市末廣町22-11 ☎TEL：0138-26-3600 http://www.kitajima-music.co.jp/museum/

搭渡輪跨海
大啖烏龍麵去！

四國篇

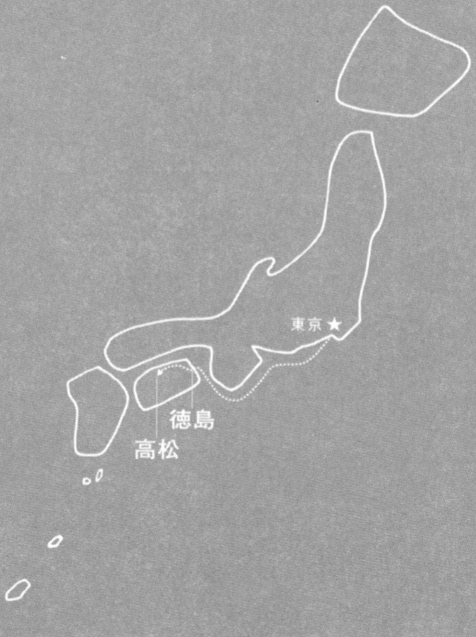

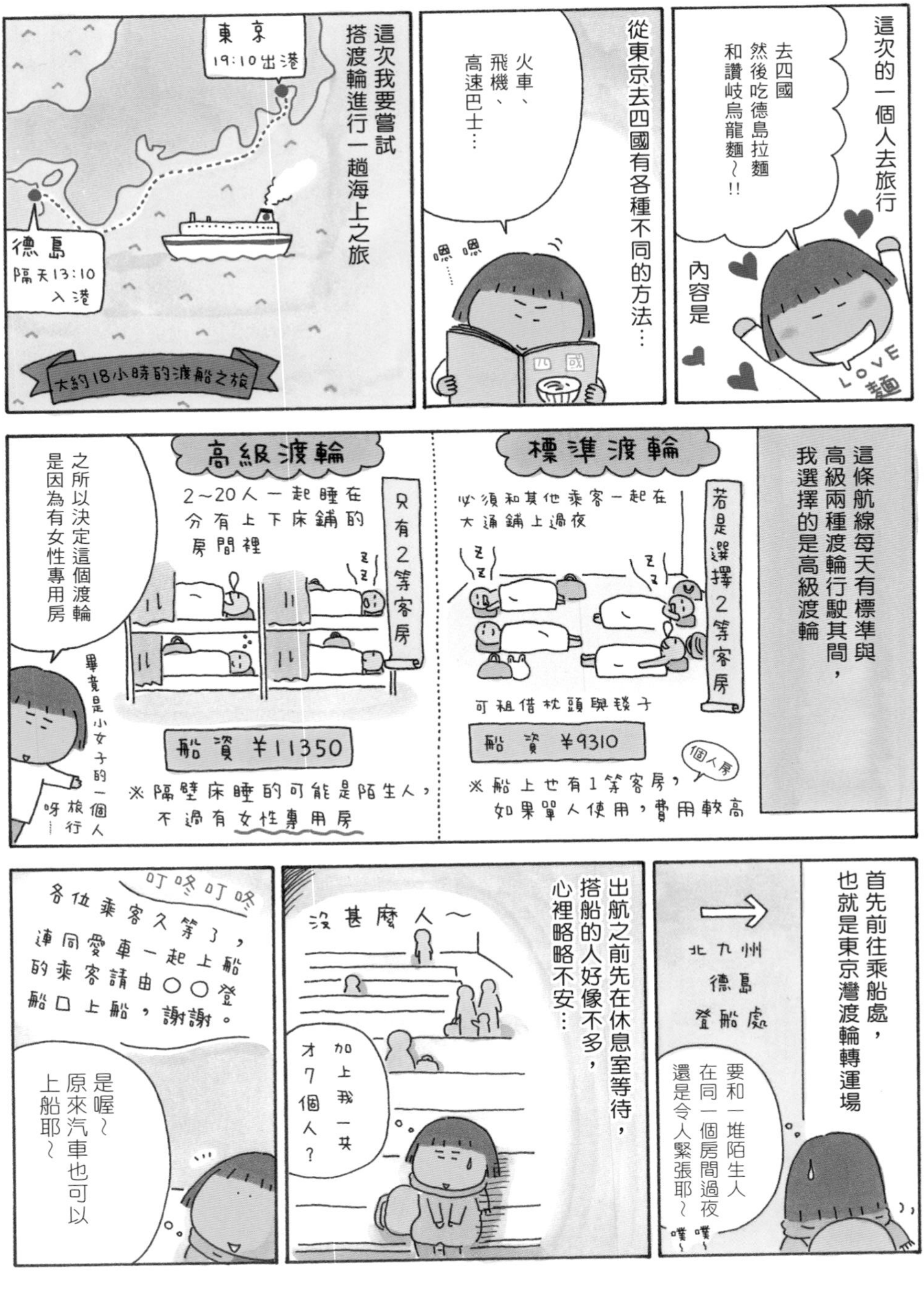

這次的一個人去旅行
去四國
然後吃德島拉麵
和讚岐烏龍麵~!!
內容是
LOVE麵
從東京去四國有各種不同的方法…
火車、
飛機、
高速巴士…
嗯嗯……
這次我要嘗試搭渡輪進行一趟海上之旅
東京
19:10出港
德島
隔天13:10
入港
大約18小時的渡船之旅
這條航線每天有標準與高級兩種渡輪行駛其間，
我選擇的是高級渡輪
標準渡輪
必須和其他乘客一起在
大通鋪上過夜
若是選擇2等客房
可租借枕頭與毯子
船資 ¥9310
※船上也有1等客房，
如果單人使用，費用較高
個人房
高級渡輪
2~20人一起睡在
分有上下床鋪的
房間裡
只有2等客房
船資 ¥11350
※隔壁床睡的可能是陌生人，
不過有女性專用房
之所以決定這個渡輪
是因為有女性專用房
畢竟是小女子的一個人旅行
呀……
首先前往乘船處，
也就是東京灣渡輪轉運場
北九州
德島
登船處
要和一堆陌生人
在同一個房間過夜
還是令人緊張耶~
噗噗~
出航之前先在休息室等待，
搭船的人好像不多，
心裡略略不安…
沒甚麼人~
加上我一共
才7個人？
叮咚叮咚
各位乘客久等了，
連同愛車一起上船
的乘客請由○○登
船口上船，謝謝。
是喔~
原來汽車也可以
上船耶~
…

廣播一結束，那些原本坐在休息室的乘客全都不見了
人車登船口
甚麼~大家都是要開車去喔~!?
傻住
看來今天只靠兩條腿旅行的人就只有我一個…
乘客專用登船口
您好~
……
上船之後，發現乘客要比剛才看到的還要多
雖然總數還是不多啦……
總算放心了
唯一的全家福
哇哈哈
可能是同事一起出遊的大叔團
到了我的房間一看，
旅客室202
啊，您好您好~
啊
有個年輕女孩在裡面
今晚這間6人房就只有我和這女孩2個人使用
您好，請多指教~
彼此彼此~
我的床鋪
她的床鋪
這裡也有上下鋪
TV
地毯
您是一個人旅行嗎？
是啊，想去四國隨意走走~
呵呵
我花了6天時間從神戶騎摩托車到東京，現正在回家路上
我也是一個人旅行
甚麼~在這麼冷的天氣騎摩托車~!?
哦
真的嗎~
這是我第一次認識和我同樣是一個人旅行的朋友

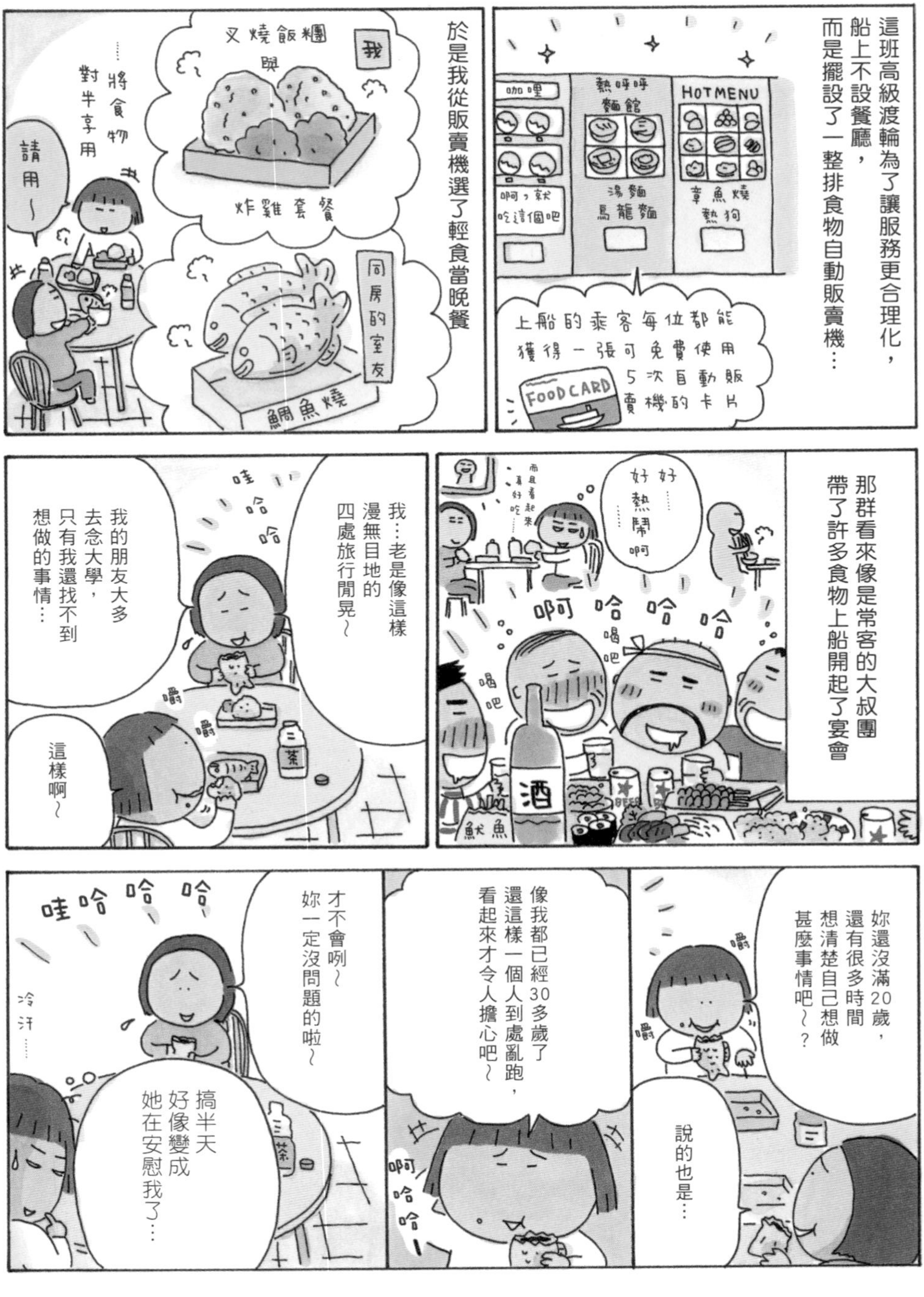

這班高級渡輪為了讓服務更合理化，
船上不設餐廳，
而是擺設了一整排食物自動販賣機…
咖哩
熱呼呼麵館
HOTMENU
啊，就吃這個吧
湯麵 烏龍麵
章魚燒 熱狗
上船的乘客每位都能獲得一張可免費使用5次自動販賣機的卡片
FOOD CARD
於是我從販賣機選了輕食當晚餐
我
叉燒飯糰與炸雞套餐
同房的室友
鯛魚燒
…將食物對半享用
請用～
那群看來像是常客的大叔團帶了許多食物上船開起了宴會
而且看起來真好吃…
好好熱鬧啊……
啊哈哈哈
喝吧
喝吧
酒
魷魚
哇哈哈
我…老是像這樣漫無目地的四處旅行閒晃～
我的朋友大多去念大學，只有我還找不到想做的事情…
嚼
嚼
這樣啊～
茶
妳還沒滿20歲，還有很多時間想清楚自己想做甚麼事情吧～？
嚼
嚼
說的也是…
像我都已經30多歲了還這樣一個人到處亂跑，看起來才令人擔心吧～
啊哈哈
哇哈哈哈
才不會咧～妳一定沒問題的啦～
冷汗……
搞半天好像變成她在安慰我了…

因為長途旅行的緣故，她很快就睡著了
ZZ
小心點～～別把人家吵醒了
看來我還是不習慣和陌生人同房間哪～……
閒晃～
渡輪裡有個能眺望海景的景觀澡堂…
女湯
澡堂裡的熱水會隨著船隻的搖晃湧出波浪來，真是太有趣了
啪沙
哇～
窗外就是大海
啪
沙
女性乘客不多，簡直就成了我的個人泳池
啊…好像還是有點暈船了耶…
投幣式洗衣機
遊樂中心
暈眩…
為了怕自己暈船，今天還特地先吃暈船藥…
暈車暈船專用
千波
可能是藥效發揮的關係，晚上9點我就上床睡覺了
呼嚕
四國
長得像便當盒的奇怪枕頭，我捨棄不用
連續睡10小時之後，到了隔天早上7點…

同寢室的室友還在睡，所以我再度躡手躡腳地起床出門……
呼~
悄聲~
我走到甲板上瞧瞧
咻~
嘿咻
眼前出現了一片寬廣的大海原!!
哇哈~
是島嶼!! 終於看得見島嶼了~!!
得救了~
海上漂流模擬遊戲
鐵達尼號模擬遊戲
恰~啦~ 恰~啦啦~ 啦~啦 ♪
得救了~
親愛的…再見了…
津輕海峽冬季風景模擬遊戲
像這樣一個人開心地演起了獨角戲，盡情享受海上生活
嗡~
呆~
哈~偶爾搭船旅行真不賴呀~♡
躲在煙囪後面超暖和
之後又跑到觀景澡堂泡澡
哇哈哈
啪沙
啪沙
超愛的……

接著到自動販賣機區選擇早餐
HOT
湯麵
烏龍麵
意麵王
拉麵王
在一整排自動販賣機中一眼就讓我看中的就是這個!!
快速美食
絕讚壽司
最高級
冷凍壽司
因為是高級品,點一次需扣掉兩次的卡片使用次數,但畢竟機會難得,還是決定吃吃看
緊張
興奮
按下去囉
卡嗒
把冷凍壽司拿出來後放進微波爐加熱2分55秒
3分鐘不行嗎……
嗶
嗶
壽司請微波2分55秒
興致勃勃地吃起壽司,但味道其實滿普通的
一大早就吃壽司,真奢侈呀~
早安!
啊~
在商店買的味噌湯
……於是在這裡和剛起床的室友一起吃早餐
呵呵,睡得很飽呢~
湯麵
我也是~
之後繼續在船上輕鬆的閒晃……
現在已經到達和歌山縣海岸了呀~
航線圖
目前所在地會發亮
午睡
枕頭
呼嚕~
哇哈哈
啪沙
啪沙
第3次了……
下午1點多,進入了德島港
乘客專用登船口
請多保重!
祝妳在四國玩得愉快~
緊握
在這裡與同樣是一個人旅行的夥伴道別……

下船後搭巴士往德島車站…
JR德島車站
好有南國氣氛唷……
往德島拉麵名店「INOTANI」前進
中華拉麵
INOTANI
啊哈，找到了♥
以前去橫濱拉麵博物館時曾經吃過這裡的拉麵，滋味令人難忘…
哇喔
6~7年前
之後就一直夢想能到當地吃一碗道地的拉麵
登~場
哇~♥
中華拉麵
(內有肉、香菇、生雞蛋)
¥700
這裡的拉麵湯頭濃郁，帶有些微甜味，有點像壽喜燒的味道
中華拉麵
大碗加肉 六〇〇
中碗加肉 五五〇
大碗 五〇〇
中碗 四五〇
啤酒 四〇〇
清酒 四〇〇
沒錯沒錯，就是這個味道~♡
好吃~
吸
吸
咦？
抬頭一看，四周的客人全都手捧一碗白飯配著拉麵吃…
白飯 一五〇
生雞蛋 (高碘蛋) 五〇
吸
吸
吸
連女生也……
原來~對當地人來說，拉麵就等於是配菜呀？
這拉麵的確滿下飯的……
嗝
實現了吃德島拉麵的願望後，接下來繼續往烏龍麵之鄉香川縣前進…

從德島搭乘開往高松的JR特急UZUSHIO大約需要1小時
瀨戸内海
高松
香川
德島
德島
喀答
喀答
UZUSHIO
抵達高松時天色已經有點昏暗了…
晚上5點了呀～
德島名產
進旅館check in後，馬上做準備出門找我的烏龍麵！不過…
營業到下午3點
烏龍麵
烏龍麵
營業到賣完為止
唔～嗯……
香川
這裡的烏龍麵店營業時間都不長，很多店這時間都已經打烊了
只好去那些還沒打烊的麵店看看情況
營業到晚上6點
烏龍麵市場
清湯(小)90日圓
烏龍麵
快點呀～
哇，菜單好長啊!!
清湯烏龍麵(小)
清湯烏龍麵(中)
肉片雞蛋烏龍麵
市場高湯烏龍麵
肉片高湯烏龍麵
蘿蔔泥清湯烏龍麵
蔬菜烏龍麵
醬油烏龍麵
生雞蛋醬油烏龍麵
烏龍涼麵
中式烏龍麵
咖哩烏龍麵
什錦烏龍麵
沾醬烏龍麵
市場烏龍麵
一長串
歡迎光臨
慌了手腳……
我～我要～ㄜ…生雞蛋醬油烏龍麵～
有各種油炸物
一共是180日圓～
請慢用～
鏘啷
鏘啷
付錢後烏龍麵立刻就端上來了
只要180日圓真是太便宜了～
炸麵屑
蔥花
配料自己加
醬油
唔，很有嚼勁耶，太好吃～
嚼
彈牙～

店裡面有不少應該是剛結束社團活動的高中生
廿哈
廿哈
放學後還能吃到這麼便宜又美味的食物，真令人羨慕呀～
清湯烏龍麵才90日圓……
之後又去吃了另一家烏龍麵店，今天的烏龍麵之旅暫時告一段落
讓您久等了
營業到晚上9點……
烏龍棒
這家店是先找位置再點餐
哇啊～
高湯烏龍麵 ¥470
高松市街上有條長長的商店街，吃完烏龍麵後順便走走逛逛
二手衣
水果店
和服店
Girl's Shop
亞洲風雜貨
SALE
啊，這家店好可愛唷～♥
回到旅館後開始為明天的烏龍麵之旅訂定計畫……
嗯哼
今天早早就睡覺了
在雜貨店買的魚形腳踏墊
怕蔬菜吃得不夠多特地去超市買的
蔬菜汁
草莓
隔天早上—
嗶嗶嗶嗶……
為了光顧一大早就開始營業的烏龍麵店，5點半就起床了
呼啊？
我一邊走著，心裡有點忐忑，這麼早真的有烏龍麵店營業嗎……
嗚嗚…天色還這麼暗……
HOTEL
而且還下雨……
手打烏龍麵
啊

終於抵達烏龍麵店了
上午6點開始營業……
丸山製麵
已經有客人來了……
吸……
歡迎光臨～
ㄟ…咦？這家店要怎麼點餐哪？
菜單呢？
東張
西望
老闆～我要一碗像那種的烏龍麵…
一坨麵140日圓，那邊有熱水，清湯請自己加
原來～這家店只有清湯烏龍麵呀
倒
第一次自己煮麵～
緊張緊張
咦…要煮多久才算熟啊？
店裡已經沒客人了……
東張
西望
啪～
糟糕…甚麼時候後面已經有人在排隊了～!!
只有一個
請問～這個麵要煮多久才行啊？
只好問這個人
啊!?好像…已經可以了吧？
接下來淋上清湯…
甩
甩
呵呵……
按照個人的喜好撒上蔥花與炸麵屑，清湯烏龍麵完成!!
做好了～♥

開動囉~
對了!?這碗烏龍麵我還沒付錢耶!!
怎…怎麼辦?還沒付錢這樣行嗎~
開門
東張
西望
啊,是剛才店裡的人!!
這是這碗麵的錢~
啊…140日圓~
啦啦啦~♥
吃烏龍麵囉
……
您是…外地人嗎?
驚
啊…是的…
被發現了
那麼這個給您參考~
烏龍人
UDON-CHU
烏龍熱潮的起源介紹
烏龍麵的歷史年表
關於烏龍麵的資料手冊「烏龍人」
太感謝您了—
…就在這一切發生的過程中,剛才排在我後面的那個人已經回去了
謝謝老闆~
啊…好快呀!!
幾乎還沒開始吃呢
這家店的清湯烏龍麵湯頭色澤幾近透明,味道卻很濃郁,非常好吃
嚼
嚼
嚼
哇……是我喜歡的味道耶……♥♥
順帶一提,我在東京吃的烏龍麵湯頭是醬油色的
好黑唷……
關東風
緊接著再去另一家
烏龍麵 坂枝
烏龍麵

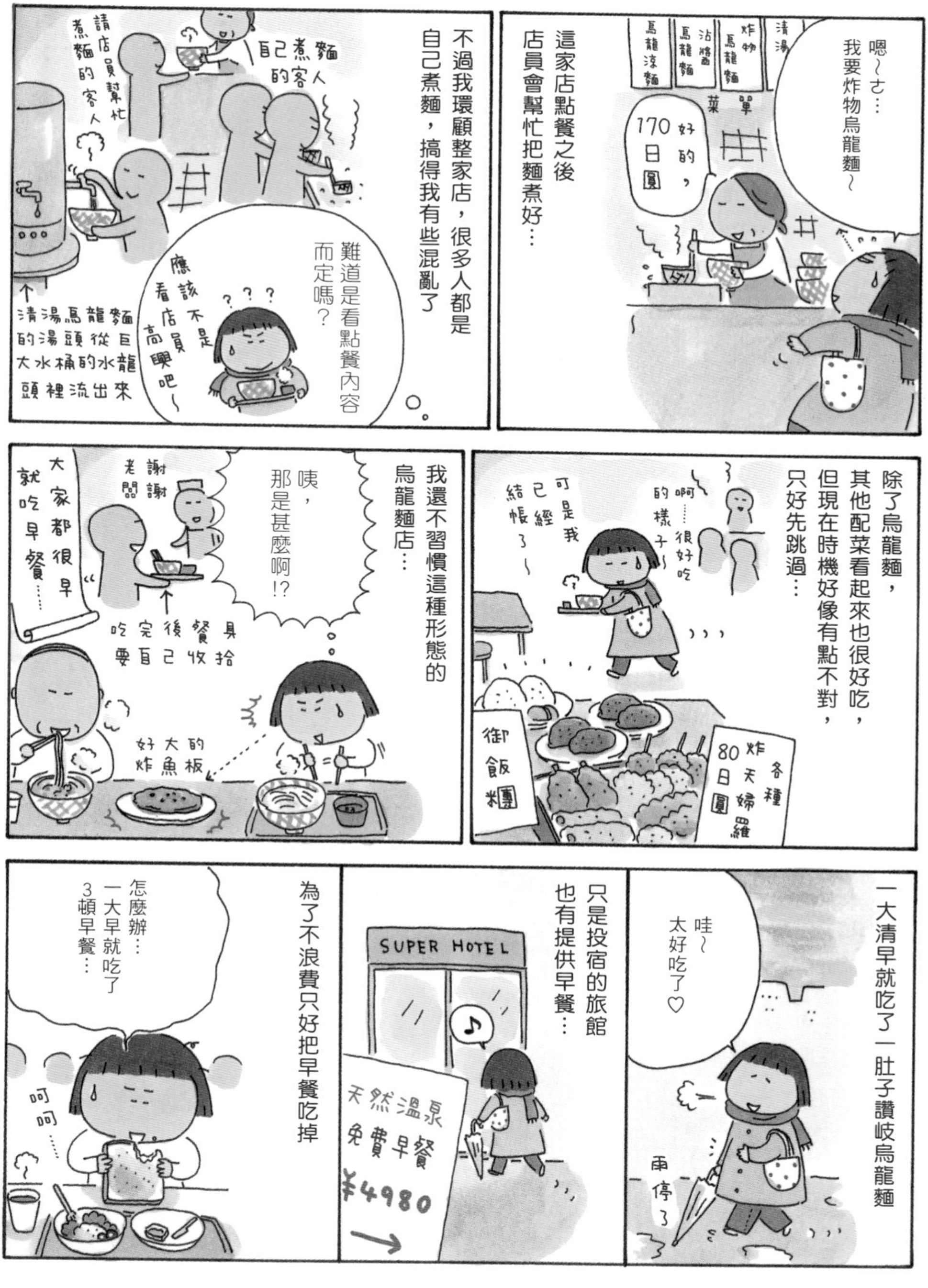
嗯～ㄜ…我要炸物烏龍麵～
清湯
炸物烏龍麵
沾醬烏龍麵
烏龍涼麵
菜單
好的，170日圓
這家店點餐之後店員會幫忙把麵煮好…
不過我還顧整家店，很多人都是自己煮麵，搞得我有些混亂了
自己煮麵的客人
請店員幫忙煮麵的客人
難道是看點餐內容而定嗎？
應該不是看店員高興吧～
？？？
清湯烏龍麵的湯頭從巨大水桶的水龍頭裡流出來
除了烏龍麵，其他配菜看起來也很好吃，但現在時機好像有點不對，只好先跳過…
啊…很好吃的樣子～
可是我已經結帳了～
御飯糰
炸天婦羅 各種 80日圓
我還不習慣這種形態的烏龍麵店…
咦，那是甚麼啊!?
謝謝老闆
大家都很早就吃早餐……
吃完後餐具要自己收拾
好大的炸魚板
一大清早就吃了一肚子讚岐烏龍麵
哇～太好吃了♡
雨停了
只是投宿的旅館也有提供早餐…
SUPER HOTEL
♪
天然溫泉 免費早餐
¥4980
為了不浪費只好把早餐吃掉
怎麼辦…一大早就吃了3頓早餐…
呵呵……

最後是捧著快爆炸的肚皮去check out…
呼～
HOTEL
接下來搭乘琴平線往琴平
高松市
琴平町
約1小時
喀答
喀答
很可愛的電車♥
來到香川絕不能錯過的就是…
去參拜金刀比羅宮～！
琴平車站
睡了一覺
這裡是我父母親在蜜月旅行時，也有來的地方唷
好多觀光客
土產
炙饅頭
哇啊～
甜品
通往金刀比羅宮的漫長石梯不斷向上延伸…
手工燒製
茶
烏龍麵
喘
出租拐杖
喘
到此為止 365階
沒有自信爬完階梯的人可以搭轎子
好不容易爬完758階石梯，終於來到正殿
呼～
呼～
總算順利達成參拜金毘羅的心願…
啪
啪
從這裡往更裡面走，還有一個稱為奧社的地方…
奧社
583階
現在地
785階
入口

既然來了，當然要繼續前往奧社參拜
呼……
哈……
平常就很少聽到有人走到奧社去，一路上果然人跡稀少
加油哦～
妳好～
呼……
所以偶爾與路人擦身而過時他們都會跟我打招呼
就這樣拚了命地不停向上爬…
哈……
呼……
一共爬了1368階石梯之後，終於成功抵達奧社
成功了～
喘……
喘……
籠罩在雲霧中
很開心自己能爬完全程的同時心裡又…
這樣一來早上吃的那一大堆食物應該都消化光了吧!?
嘿嘿……
……如此暗想著
所以下山後立刻往附近的人氣烏龍麵店飛奔而去
哇啊—好多人排隊唷～!!
宮武烏龍麵
TAXI
稍微有點遠所以搭計程車
進入店裡後，拿起放在一旁的紙寫上自己的名字與想吃的餐點…
谷 清湯麵(小)1 熱麵冷湯 沾醬麵(大)2
原田 清湯麵(大)1 冷麵熱湯 涼麵(小)3
高木 醬油清湯麵(小)1
之後店員會叫喚客人的名字…
高木小姐
是我～!! 在這裡～!!
因為不是很習慣，心情亂緊張的

渡輪乘船處

朝右邊走是往四國・九州
朝左邊走是往北海道

奇怪的枕頭……

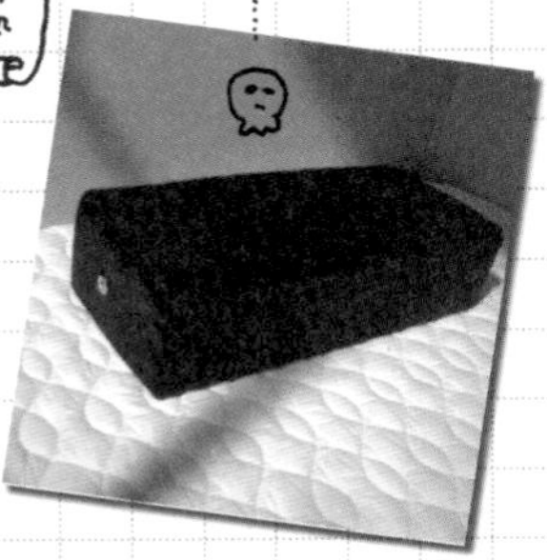

自動販賣機的食物

熱～呼呼

最高級的自動販賣機壽司

窗外是廣大的海原!!

啪沙～

郵筒上的是阿波舞……

（靠近德島車站附近）

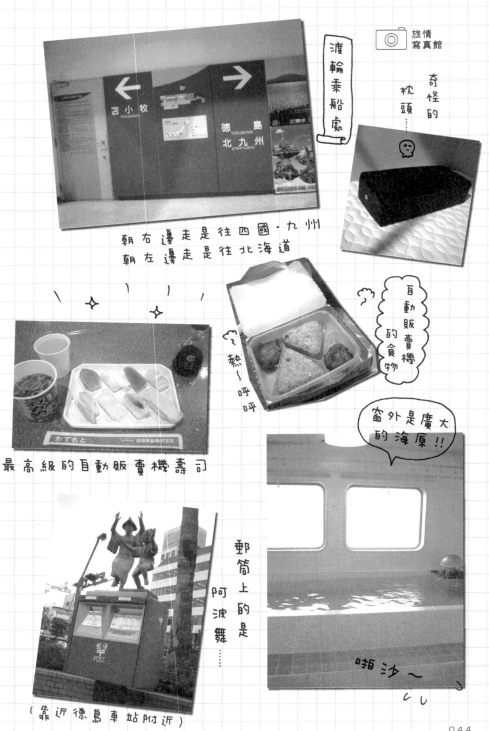

海鷗

再見了……

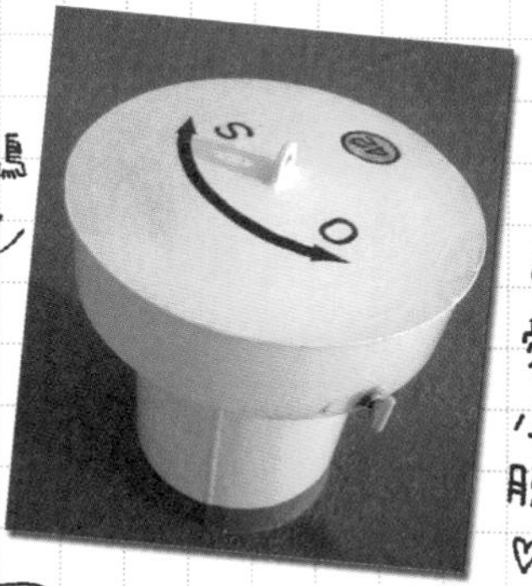

渡輪上看到的可愛小臉♡

金刀比羅宮入口

烏龍麵

沒問題 OK

我還能繼續吃哦～!!

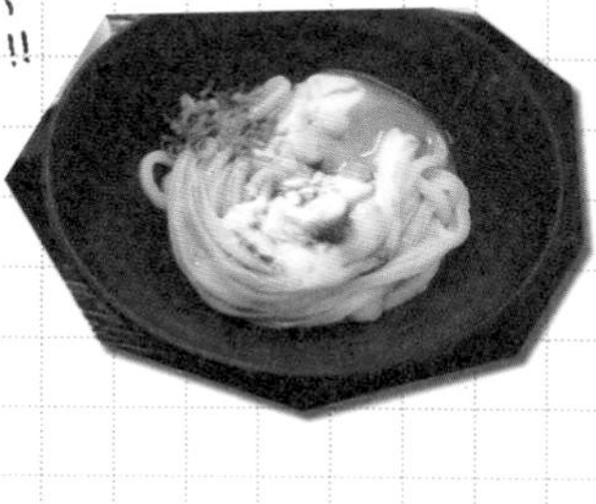

德島拉麵

貨船上在海上遇難!!
在船上的客廳看新聞時……
噗—
旅行筆記
我也按照津輕海峽冬景色這首歌所描述的內容去旅行哦，從青森搭船出發～
同寢室的女孩
偶爾能看見魚兒跳出海面
啊
看起來年輕卻這麼老成……
希望枕頭能大大改善!!
硬邦邦
同寢室的女孩
妳的個子真小啊
這樣說了
比我小10歲以上
FOOD CARD
5次份
壽司（算2次份）
什錦燒
飯糰炸雞套餐
下船後有一陣子還是覺得地面在搖晃
?
還剩一次沒用掉
唉呀……

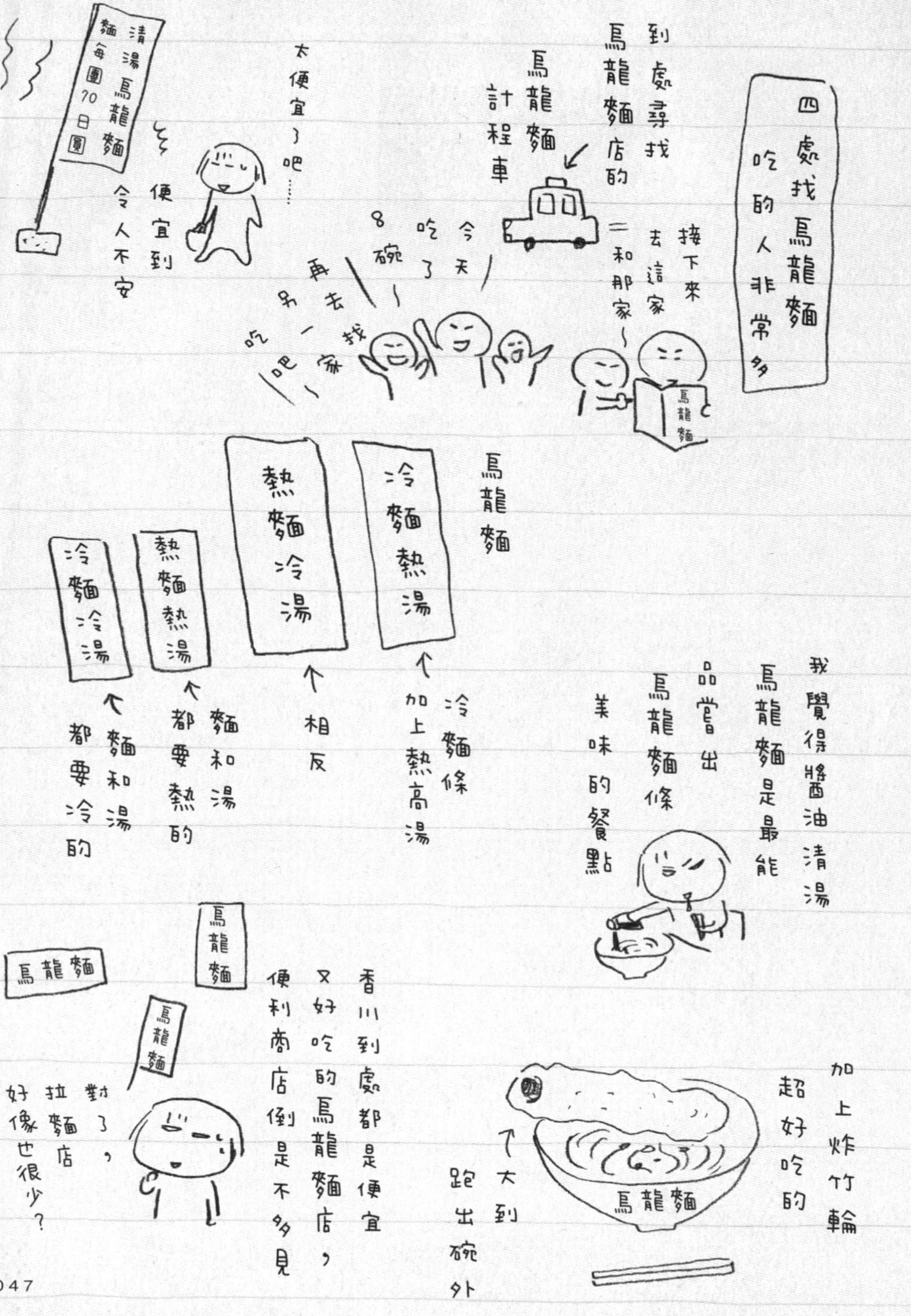
四處找烏龍麵吃的人非常多
到處尋找烏龍麵店的
烏龍麵計程車
接下來去這家
和那家～
烏龍麵
今天吃了8碗～
再去找另一家吃吧～
太便宜了吧……
清湯烏龍麵
麵每團70日圓
便宜到令人不安
烏龍麵
冷麵熱湯
冷麵條加上熱高湯
熱麵冷湯
相反
熱麵熱湯
麵和湯都要熱的
冷麵冷湯
麵和湯都要冷的
我覺得醬油清湯烏龍麵是最能品嘗出烏龍麵條美味的餐點
烏龍麵
烏龍麵
烏龍麵
香川到處都是便宜又好吃的烏龍麵店，便利商店倒是不多見
對了拉麵店，好像也很少？
加上炸竹輪超好吃的
大到跑出碗外
烏龍麵

四國集錦

渡輪的外觀。
相當龐大

無人商店。
好迷你喔

渡輪上雖然沒有餐廳，只提供自動販賣機，濃厚的B級美食氣氛還是吸引了我上船一探究竟。畢竟是由自動販賣機提供的餐飲，只吃一天就膩了，但比起搭夜行巴士或夜班火車，船上寬廣的空間可以讓人悠閒地四處走動，還有個甲板讓人透透氣，船裡還有超大的澡堂，搭乘起來舒適太多了。在我搭乘過的所有夜行交通工具中，最能讓我好好睡上一覺的就是渡輪。

可惜時間不多，德島拉麵只吃了一家。但在香川，就光顧了好幾家烏龍麵店。看了觀光手冊上的介紹，超想去試試看的幾家烏龍麵店都位在遙遠的地方，沒有開車的話基本上很難吃得到，好幾家麵店只好放棄不去。下一次我打算自己租車，把想去的所有麵店一網打盡。

澡堂裡竟然有魚！開玩笑的啦，這是我一時衝動買的腳踏墊

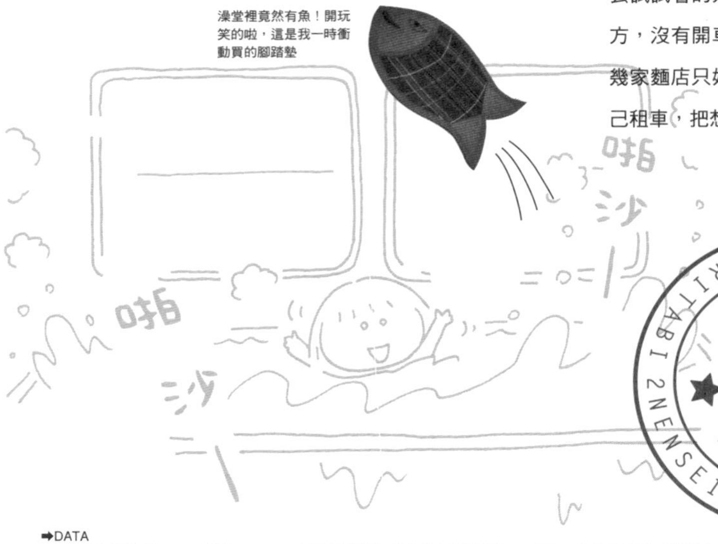

➡DATA
OCEAN東九渡輪(オーシャン東九フェリー)●航行於東京～德島-北九州的渡輪。 ☎TEL：03-5148-0109（總公司・東京預約中心）http://www.otf.jp/
中華拉麵 INOTANI（いのたに）●德島縣德島市西大工町4-25 ☎TEL：888-653-1482
烏龍麵市場（うどん市場）兵庫町店 ●香川縣高松市兵庫町2-8 ☎TEL：087-823-0388
烏龍棒（うどん棒）●香川縣高松市龜井町8-19 ☎TEL：087-831-3204
丸山製麵 ●香川縣高松市宮脇町1-9-12 ☎TEL：087-831-3316
SAKAEDA（さか枝）●香川縣高松市番町5-2-23 ☎TEL：087-834-6291
宮武烏龍麵(宮武うどん)●香川縣仲多度郡琴平町上櫛梨1050-3 ☎TEL：0877-75-0576

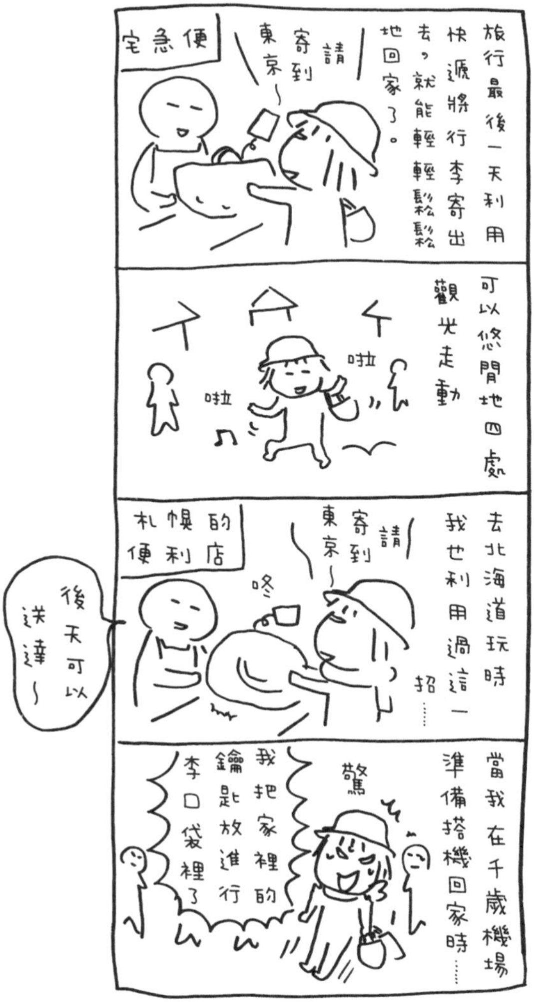

↑ 幸好在老姐家放了一副備份鑰匙

青春18車票的順路火車行

中山道篇

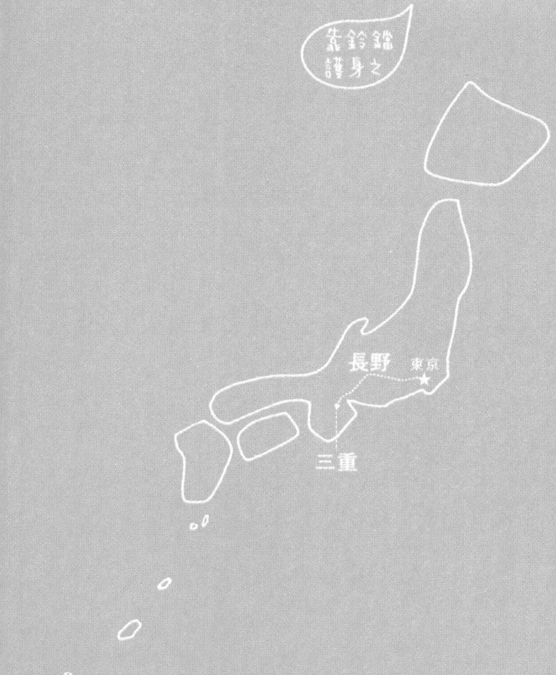

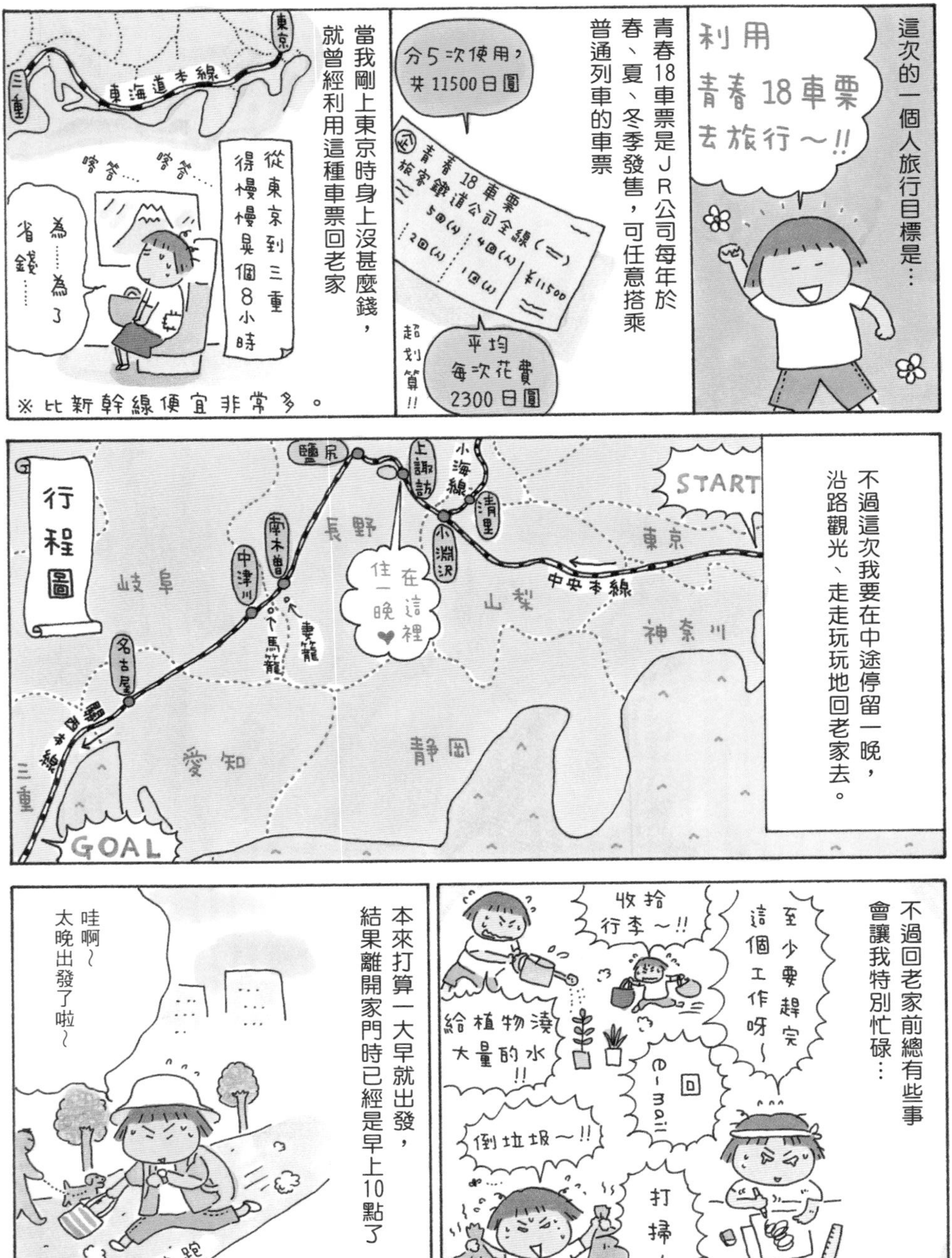

這次的一個人旅行目標是…
利用
青春18車票
去旅行～!!
青春18車票是JR公司每年於春、夏、冬季發售，可任意搭乘普通列車的車票
分5次使用，
共11500日圓
青春18車票
¥11500
平均
每次花費
2300日圓
超划算!!
當我剛上東京時身上沒甚麼錢，就曾經利用這種車票回老家
東京
東海道本線
三重
從東京到三重得慢慢晃個8小時
喀答……
喀答……
為……為了
省錢……
※比新幹線便宜非常多。
不過這次我要在中途停留一晚，沿路觀光、走走玩玩地回老家去。
行程圖
START
東京
中央本線
神奈川
山梨
清里
小海線
小淵沢
上諏訪
鹽尻
長野
在這裡
住一晚
南木曾
中津川
妻籠
馬籠
岐阜
名古屋
關西本線
愛知
靜岡
三重
GOAL
不過回老家前總有些事會讓我特別忙碌…
收拾
行李～!!
至少要趕完這個工作呀～
給植物澆
大量的水
!!
e-mail
回
倒垃圾～!!
打掃!
本來打算一大早就出發，結果離開家門時已經是早上10點了
哇啊～
太晚出發了啦～
快跑

即使是行駛於東京這個大都市，電車窗外的風景一下子就變得不一樣了
下一站 高尾～
哇，是山耶～
終於電車駛入山梨縣，窗外換上一大片果園景色
哇～好想去採葡萄唷～!!
勝沼 葡萄的故鄉
喀答……
喀答……
最愛吃葡萄
但一個人採葡萄感覺太淒涼，於是作罷……。
3小時後抵達小淵澤車站。在這裡稍作停留，搭乘高原鐵道的小海線前往清里
這就是今天的預定行程
租腳踏車在高原上馳騁!!
想像圖
呵
可是小海線一小時只有一班車，我等了半小時才搭上下一班列車…
小淵澤
KOBUCHIZAWA
傻等～
……
到了下午2點40分才抵達清里車站
終於到了～
唔～回程一定要搭上17點5分發車的電車…
JR小海線
上行
（小淵澤）方向
6:21
7:14
8:49
10:03
12:04
14:04
15:37
17:05
18:19
19:48
20:50
じ～
趕快去租腳踏車
哇啊啊……沒多少時間了～
清里車站

您好，我想租腳踏車~
自行車出租
……
現在要騎？
…妳是一個人騎嗎？
是的
清里的小山坡非常多，我建議妳最好別騎腳踏車哦~
上坡路很陡，只能牽著車走~
啊…可…可是我…
好想在高原上騎車啊……
而且現在時間不早了，要觀光的話可以搭那邊的觀光巴士
就在前面那邊而已!!
這…這樣啊？
嗚…可能是我看起來弱不禁風的關係吧…
土產
也有很多人騎車啊！
巴士搭乘處
我的高原腳踏車之行就這樣被迫取消了…
於是我接受老闆的建議，轉而搭乘觀光巴士逛了一圈
的…的確很陡呀……
車資 大人300日圓
我在清里的著名地標「清泉寮」下車
SEISEN-RYO
這是美國的傳教士波爾・拉許在一九三八年建造的露營地

本來想去吃這裡超有名的人氣冰淇淋…
JERSY HUT冰淇淋
300日圓
JERSY HUT
大排長龍~
超人氣!!
哇~隊伍好長喔~!!
雖然花了點時間排隊，這個冰淇淋的味道非常濃郁，好吃極了
在大自然中邊走邊吃的感覺真好!!
之後以最短的時間到處走馬看花…
山鼠音樂館
山鼠
天然紀念物
好小唷
進場就能獲得一個可愛的別針
麵包&果醬工房
嚼
嚼
嚼
超牛奶味……
哇~有馬車耶~
答答
土產店
很想買果醬但是好重……
唔~嗯……
我按照計畫搭上了17點5分的電車回小淵澤車站…
喀答……
喀答……
然後換搭中央本線去上諏訪車站
今天要在這裡過夜
上諏訪溫泉
諏訪湖
歡迎蒞臨上諏訪
呼~到了到了♡

列車時刻表
啊，對了，我得先看一下明天的時刻表…
畢竟是住在電車班次頻繁的東京，很容易忘記這件事
上諏訪温泉
把時刻表用相機拍下來好了
突然…
妳，就是妳，過來一下……
心驚
我嗎？
這個時刻表給妳
啊，謝謝～
上諏訪車站
呵呵呵…明天這個時間出發剛好…
今天投宿的地方是蓋在諏訪湖旁的飯店
湖濱飯店
首先去泡泡溫泉流一下汗…
舒服啊～♥
上諏訪温泉
之後去提供晚餐的餐廳
今晚的晚餐是輕鬆的自助餐吃到飽!!
放眼望去，一個人來吃自助餐的人好像只有我…
嘩 嘩 嘩
嘻嘻……
一個人的吃到飽耶～

剛剛泡完澡，一邊觀賞諏訪湖的夜景一邊淺酌啤酒，氣氛棒透了…
呵呵呵……
嘩 嘩 嘩
我發現自己似乎不管去到哪裡，只要有溫泉和啤酒就很容易滿足耶
呼哇～為甚麼旅遊地的啤酒就是特別好喝～
噗哈—
好幸福哦～
回房間稍微休息一下後…
嗝
我順道去看看上諏訪車站附近一家名叫片倉館的溫泉
一定要在晚上8點半之前入館
動作快～
這裡有個像大游泳池、名叫「千人風呂」的澡堂相當出名
寬一闊
深度達1.1公尺（站著泡澡）
這家創業於昭和初期的澡堂，內部裝潢有著濃濃的復古風，超有氣氛
接近打烊時間館內幾乎沒有別的客人
哇呵～
啪答 啪答
底下鋪著沙走起來很舒服……
在上諏訪的這一夜就這樣過去了…
呼～湖畔的風真舒爽呀～♡

隔天早上從飯店出發
湖濱飯店
啦~啦~♪
因為先確認過班車時刻表，很順利地在上諏訪車站搭上了電車
8:56發車的電車
喀答……
喀答……
啦~啦~♪
行李用快遞寄出去了。
首先往鹽尻車站
鹽尻
上諏訪
諏訪湖
原本打算從這裡換乘往岐阜方向的班車到南木曾…
中津川 名古屋 方向
是這邊吧？
甚麼!? 下一班車10點38分!?
往中津川 10:38
現在才9點半耶……
天哪~
要等1小時……
啊…我只有確認出發的時間，卻完全沒考慮銜接車班的問題
仔細一看這張時刻表早就清楚寫著車班銜接的時間……
發車時間 鹽尻銜接
8:56
特急 9:14
9:20
9:39
特急 9:57 10:38 中津川
特急 10:13
10:22
我搭的是這班車
完全沒有銜接的車班……
嗚嗚嗚…早知如此還不如在飯店多待一會兒…
不甘心
就這樣在鹽尻車站
傻傻地等…
呆~~~

也許這附近有甚麼有趣的景點～於是到車站外面瞧瞧…
鹽尻車站
觀光指南
唔～さ……
車站附近好像沒甚麼特別的觀光景點…
突然我發現四周散落著跟我一樣發呆傻等著電車進站的人群
鹽尻車站
投幣式儲物櫃
呆～
呼～
呼～
睡著了的年輕人
是…同伴嗎？
結果整整一小時我都在發～呆…
用來安慰自己的冰淇淋
電車總算進站了!!
10:38 中津川
喀答 喀答
終於來了～
離開鹽尻車站後，電車緩緩駛入深山內
喀答 喀答
哇～好漂亮的一片綠!!
看見這片自然美景心想：
真想中途下車去看看呀
喀答….
喀答….
空氣真好～
但一想到又得花好多時間等待銜接的電車，馬上就打消念頭了
車廂裡有不少來旅行的乘客，相當擁擠
喀答…
喀答…
大家可能都是拿青春18車票吧～
登山客、一個人旅行的男性乘客似乎滿多的

仔細看，每個人手上都拿著一本列車時刻表
卡咚……
喀答……
JR時刻表
超～厚的一本書
啊
是喔～看來想善用青春18車票旅行的話
一定要像這樣事先做好調查才行呢……
卡咚……
喀答……
偷瞄
隔壁的人也是……
JR時刻表
大約1小時後電車抵達南木曾車站
南木曾車站
哇哈～♪
從那裡再搭30分鐘左右的巴士……
噗——
終於來到妻籠宿，這個在江戶時代因位居連接江戶與京都的中山道上而繁榮的旅宿區
妻籠宿入口
興奮緊張
這個位在安靜山區裡的老城鎮似乎還留有江戶時代的影子，氣氛非常棒
竹細工
糯米丸
麵店
甜酒
呵呵
這裡有許多餐飲處、民俗藝品、土產店

我買了五平餅當午餐
冰
嚼嚼
好香、好好吃哦～
汽水
我在這一帶隨興地走走逛逛之後，又去了同樣為旅宿區的馬籠宿
妻籠宿
麵店
呼～吃了2個五平餅肚子好飽……
往返馬籠宿的巴士一天有好幾班…
甚麼甚麼？「可以從妻籠步行翻越山頭抵達馬籠」…
可是要走多久啊？
精選住宿
觀光指南
觀光諮詢處
請問～從這裡到馬籠步行的話會很難走嗎？
不會很難走啦～沿途都有指示牌，大概2個半小時就能走到了…
登山路線
中山道
可是呢……
諮詢
最近聽說常有熊出現，要小心喔！
甚麼!?
有……熊？
中山道
要步行的話，可以借妳這個驅熊鈴帶在身上哦
到時候再還給那邊諮詢處就行了～
叮鈴
於是…
……

我掛上了驅熊鈴
試著步行穿越山頭
……
叮鈴～
叮鈴～
叮鈴～
心裡有點害怕耶…
沒關係啦…萬一怎樣的話就快打手機求救…
馬籠宿 7.3km
妻籠宿 0.4km
叮鈴
叮鈴
叮鈴～
無訊號
13:20
ㄟ…沒有訊號……
哇啊啊啊—難道一切就只能靠這個鈴了～!!
驚慌失措
叮鈴～
叮鈴
叮鈴
叮鈴
幸好沿路偶爾會遇到從馬籠宿走路過來的人，總算安心了些
你好
馬籠宿 6.5km
您好，午安～
呼…那些人好像平安翻過山頭了…
叮鈴
叮鈴
就這樣不停地走著…
好熱…好累…
呼呼
叮鈴
叮鈴
叮鈴
那一天氣溫超過30度!!
半途在瀑布前休息一下
這個瀑布名為男瀑（附近還有個女瀑）
嘩啦啦……
清涼
天然冷氣!!
呼～好涼喔!
前方還有好長的路要走，沒多久就繼續上路了
馬籠宿 4.0km
妻籠宿 3.7km
唉唷～還有一半的路程啊…
喘喘
毛巾
叮鈴
叮鈴
叮鈴

天氣超熱，而且不斷遇到上坡……
喘喘……
叮鈴
叮鈴
叮鈴
就在我累到快不行的時候
喘喘……
我走不動了……
叮鈴
叮鈴~
叮鈴
……突然
山頂茶屋
烤餅
啊!!
終於爬到山頂了
哇哈~
到了~!!
終於到了~!!
馬籠山頂
標高
801公尺
※終點還沒到哦
叮鈴
叮鈴
叮鈴~
叮鈴
在這裡稍微休息一下
我要檸檬刨冰
檸檬
哈密瓜
草莓
歡迎光臨
路上辛苦了
端出
這時候送進嘴裡的每一口刨冰都好吃極了
那種滋味一輩子也忘不了……♡
喔哇……~
好好吃~
從山頂下來後沿路幾乎是下坡，走起來很輕鬆
還有很多民宅
馬籠宿
1.9km
啦啦~♪
叮鈴~
叮鈴~

經過2小時15分的步行後
終於平安抵達馬籠宿
馬籠宿
← 向上入口
成功了!!
叮鈴
附帶一提，妻籠位於長野縣，而馬籠位於岐阜縣
長野
中山道
妻籠
山頂
馬籠
岐阜
呵呵…我可是步行穿越兩個縣哦
呼呼
馬籠同樣四處是老街道，我就在這裡到處觀光閒晃
馬籠出身的文豪
藤村紀念館
嗯嗯
說到島崎藤村就想到《天亮之前》這本書
↑唯一的認識
對了，來給家人買些土產!!
手工烤製仙貝
好的~
大包裝
我要買這個
觀光諮詢處
小心熊出沒
謝謝您借我這個
叮鈴~
馬籠觀光也結束了
呼~妻籠與馬籠都很好玩耶~
巴士
呵呵……
搭巴士前往中津川車站…
中津川車站
再搭電車去名古屋
名古屋
NAGOYA
KIOSK
嘩
嘩
嘩
突然進入都市還真不習慣呢~

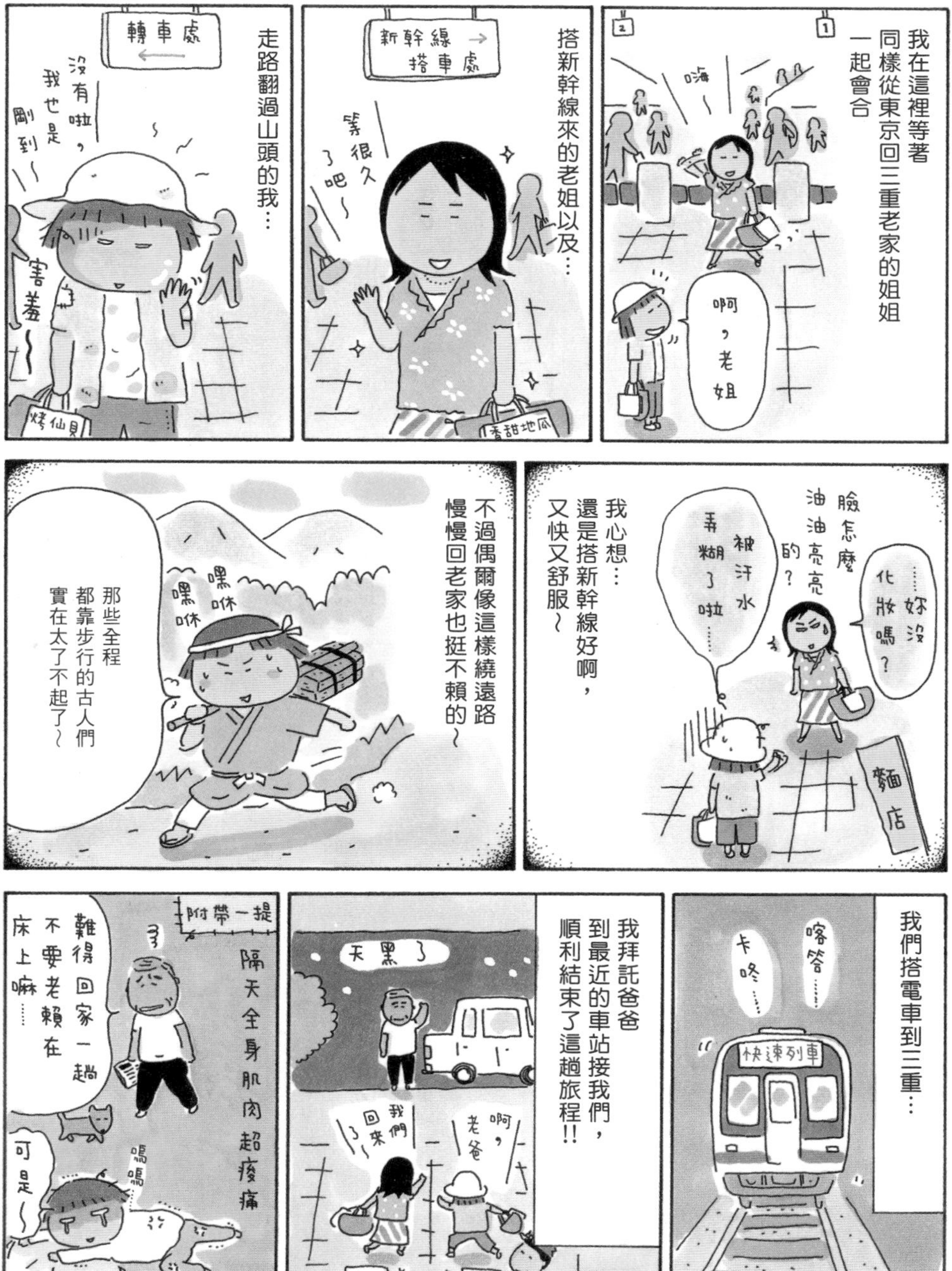
我在這裡等著
同樣從東京回三重老家的姐姐
一起會合
嗨～
啊，老姐
搭新幹線來的老姐以及…
新幹線→
搭車處
等很久了吧～
香甜地瓜
走路翻過山頭的我…
轉車處
沒有啦，我也是剛到～
害羞～
烤仙貝
妳沒化妝嗎？
臉怎麼油油亮亮的？
被汗水弄糊了啦……
我心想…
還是搭新幹線好啊，
又快又舒服～
麵店
不過偶爾像這樣繞遠路
慢慢回老家也挺不賴的～
嘿咻
嘿咻
那些全程
都靠步行的古人們
實在太了不起了～
我們搭電車到三重…
喀答……
卡咚……
快速列車
我拜託爸爸
到最近的車站接我們，
順利結束了這趟旅程!!
天黑了
我們回來了～
啊，老爸
剪票口
附帶一提
隔天全身肌肉超痠痛
難得回家一趟
不要老賴在
床上嘛……
可是～
嗚嗚
痠痛

卡咚……

啊，放暑假了……

喀嗒……

登場～

呵呵……

吱～吱～

日本的夏天…… 我的夏天

叮鈴～

諏訪湖上的天鵝♡

中山道上的指示牌

好冰涼呀

素雅

叮鈴～

就是靠這只驅熊鈴

負離子

一個人吃2根太多了啦……

嗝

比平常好吃30倍的刨冰

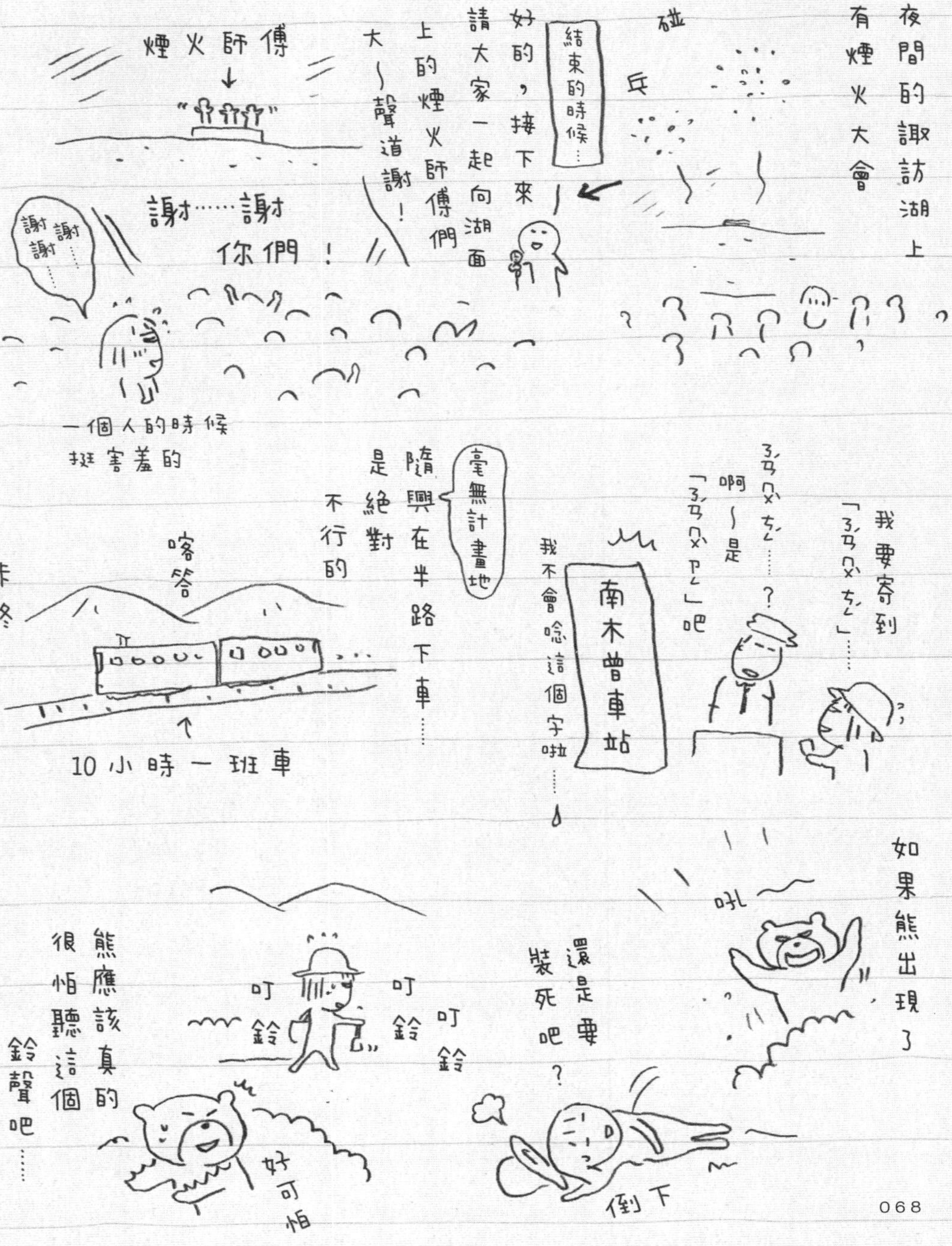
夜間的諏訪湖上
有煙火大會
碰
乓
結束的時候……
好的，接下來
請大家一起向湖面
上的煙火師傅們
大～聲道謝！
煙火師傅
謝……謝
你們！
謝謝
謝謝……
一個人的時候
挺害羞的
毫無計畫地
隨興在半路下車……
是絕對不行的
喀答
卡咚
10小時一班車
南木曽車站
我不會唸這個字啦……
我要寄到「ㄋㄢˊ ㄇㄨˋ ㄘㄥˊ」……
ㄋㄢˊ ㄇㄨˋ ㄘㄥˊ……？
啊～是「ㄋㄢˊ ㄇㄨˋ ㄗㄥ」吧
如果熊出現了
吼～
還是要裝死吧？
倒下
熊應該真的
很怕聽這個鈴聲吧……
叮鈴
叮鈴
叮鈴
好可怕

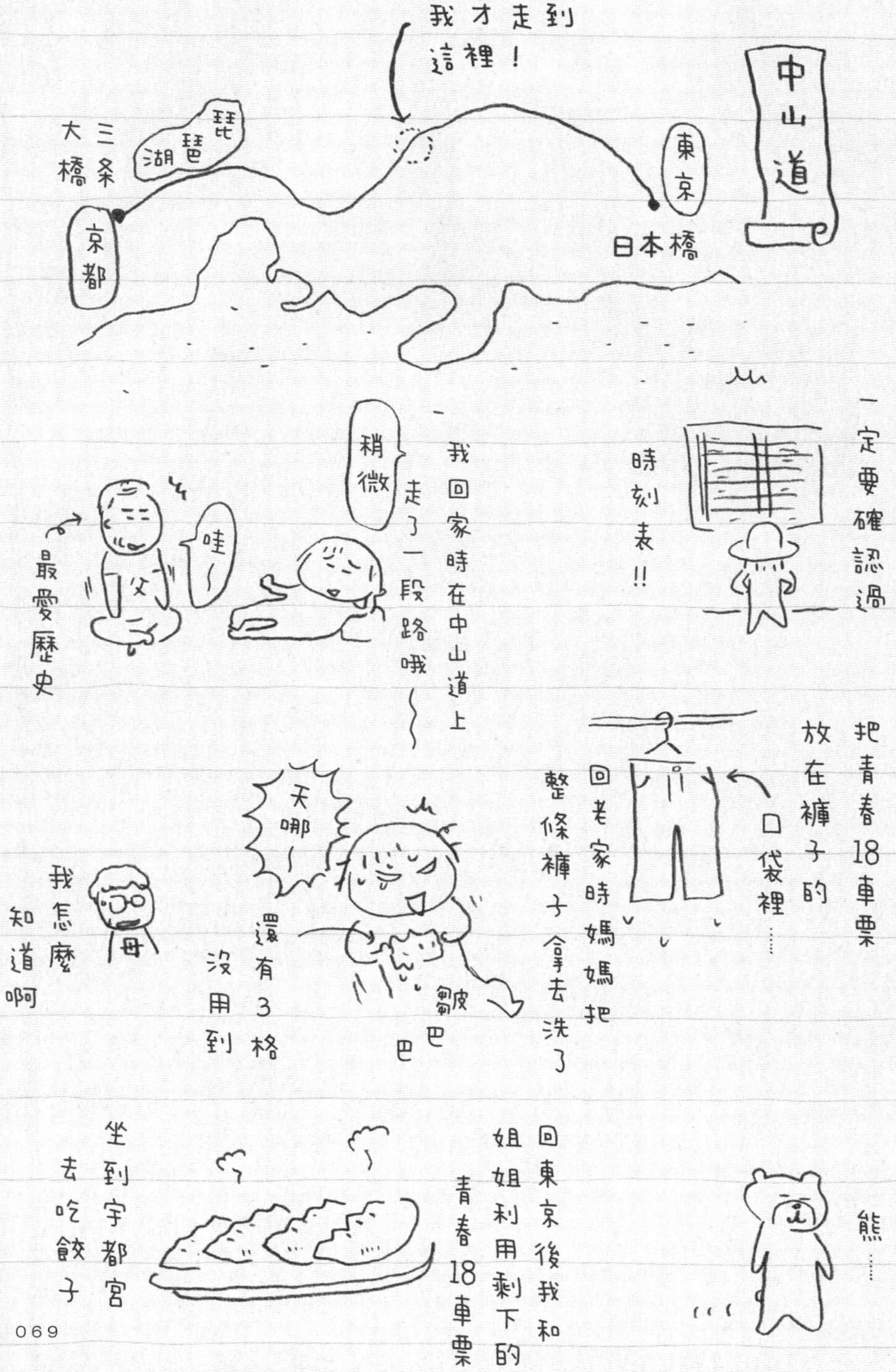
我才走到這裡！
中山道
東京
日本橋
琵琶湖
三条大橋
京都
一定要確認過時刻表!!
我回家時在中山道上走了一段路哦～
稍微
哇～
父
最愛歷史
把青春18車票放在褲子的口袋裡……
回老家時媽媽把整條褲子拿去洗了
天哪～
皺巴巴
還有3格沒用到
我怎麼知道啊
母
回東京後我和姐姐利用剩下的青春18車票
坐到宇都宮去吃餃子
熊……

中山道集錦

18歲以上的人也可以使用青春18車票哦。
永遠都能這麼青春…

諏訪湖上的煙火大會。
夏天真是太棒了～

利用能夠無限次數自由上下車的青春18車票，來一趟氣定神閒的小旅行——原本我是打著這樣的如意算盤，事後才知道，這種旅行必須先調查電車的發車時間、轉乘銜接時間，沒有事先做好行動計畫是不行的～。想要「中途下車隨興走走」也是行不通的…。原本打算輕鬆悠閒地旅行，反而搞得自己忙成一團。

不過，在炎炎夏日搭乘這種穿梭於深山裡的電車實在很舒服，有一種在鄉間過暑假的氣氛。稍微繞一下路回老家，一路上「啊～我回到家鄉了」的情緒不斷高漲，愛鄉愛土的心情也就越來越濃厚了。

這張被洗衣機洗得皺巴巴的車票，最後還是順利地把5次都用光了

➡DATA
青春18車票 ●可以在當天不限次數自由搭乘全國的JR線普通車。一張票券上有5格一日有效的車票(成人11500日圓)。
可以供一個人使用5次，或者供5個人在一天內使用完畢。每年春、夏、冬季限定期間發售，沒有使用年齡限制。
清泉寮 ●山梨縣北杜市高根町清里3545 ☎TEL：0551-48-2111 http://www.keep.or.jp/shisetu/seisen_ryo/
片倉館千人風呂 ●長野縣諏訪市湖岸通4-9 ☎TEL：0266-52-0604 http://www.katakurakan.or.jp/
妻籠觀光協會 觀光資訊處 ●長野縣木曾郡南木曾町吾妻2159-2 ☎TEL：0264-57-3123 http://www.tumago.jp/
馬籠觀光協會 ●岐阜縣中津川市馬籠4300-1 ☎TEL：0264-59-2336 http://www.kiso-magome.com/

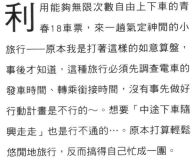

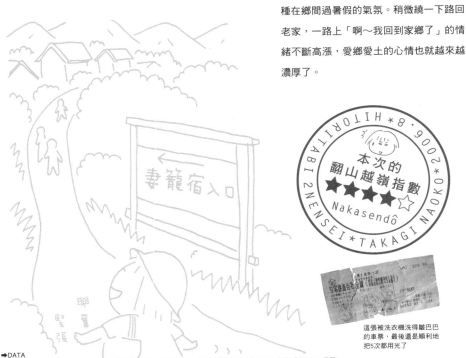

4天3夜，
斷食之旅大挑戰！

伊豆篇

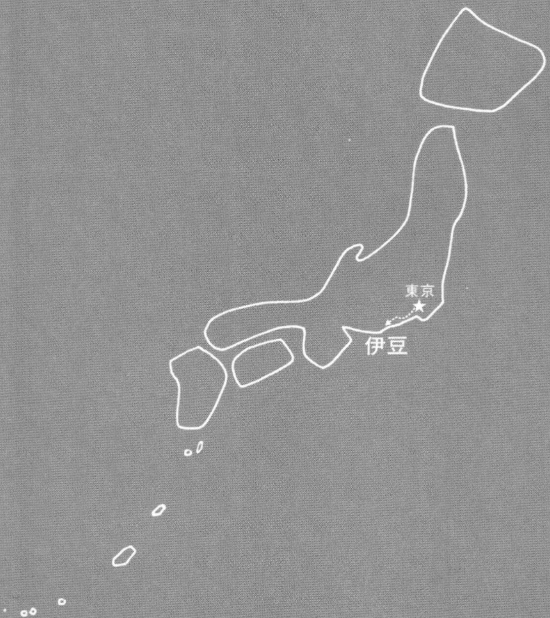

這次要一個人前往的目的地是包山包海包溫泉的人氣度假勝地—伊豆!!
TOKYO
東京
山梨
神奈川
静岡
伊豆高原
不過，在充滿火車便當香氣的特急舞孃號車廂裡，有一名女子正暗自落淚…
喀答……
喀答……
耶
哇
因為這趟旅行的目的是
斷食
啦
飯糰
飯……
咕~
位在伊豆高原上、距離東京約2小時車程的沉靜之鄉—高原館是我這次投宿的旅館
計程車約5分鐘
TAXI
這裡每逢週末會舉辦斷食套裝行程，我打算挑戰從星期五~一，共四天三夜的套裝活動
住宿期間並非完全不進食，後半段會安排「回復進食」
(以免復胖)
第1天(抵達日) 斷食
第2天 早上
晚上回復進食
第3天
第4天(回家日)
※另有3天2夜行程
抵達當天從一大早就不可以吃東西
←肚子已經餓扁了
咕~ 咕~
房間窗外盡是青綠，舒爽又令人得以沉靜
哇~♡
另有價格更便宜的合宿套裝行程
抵達後首先填寫檢測表
嗯~平常習慣熬夜，運動量不足…
肚子餓的時候才吃飯…
偶爾喝點啤酒……
最愛吃鹹辣食物……
一連串寫下來，發現自己的生活竟是如此地不規律啊

之後跟醫生詳談
好，可以了～
高木小姐，您的內臟脂肪不多，但卻有體脂肪喔～
就藏在像這種地方
啊!?
是這樣嗎？
僵～
此外整體的內臟機能似乎有點退化耶～
僵～
僵～
僵～
完蛋了……
接下來是拔罐……
這樣會痛嗎～
拔罐中
第一次做這種事……
緊張
緊張
緊張
回房間後照鏡子，我的背已經變成這副德行了
哇啊～
拔罐後的痕跡
體內積有廢物或毒素的人拔罐的地方顏色會變深
這裡有供客人自由使用的溫泉與岩盤浴……
首先當然去泡泡溫泉
呼哈～
環伺四周，其他住宿客的背也都跟我一樣……
幸好不是只有我這樣……
呆
然後再跟平常一樣
打算喝點啤酒……♥
BEER

……
登———場
泡完澡後沒啤酒喝，送上來的是酵素果汁
果汁有點冰，請大家慢慢喝～
啊……還滿好喝的……♥
小口
小口
小口
小口
葡萄柚口味
這裡的斷食並非完全不吃東西，而是以果汁代替餐食，今天的晚餐就是這杯果汁
在這裡第一次看到所有的住宿客，大部分是20～40歲的女性，也有一些男性參加
也有年輕男子與夫妻一起來參加
平均年齡大概是30歲吧～
小口
小口
一個人來參加的客人也不少
妳是一個人嗎？
對呀，嗯，
我也是～
稍微聊了一下
這家旅館晚上10點就熄燈了…
可是肚子實在太餓，完全睡不著…
咕嚕～
咕嚕嚕～
嘰咕嚕～
肚子的聲音吵得我沒辦法睡啦…
嗚嗚…喝點茶止飢好了!!
咕嚕～
嘰咕嚕～
倒
倒
可以自由地喝茶
烏龍麵
壽司
嗚……
肉包子
飯糰
咕嚕～
咕嚕嚕～
結果當晚一直到凌晨3點才睡著

第2天早上—
即使空腹加上睡眠不足，早上7點半大家還是開始做氣功操
吸氣～
吐氣～
斷食中最好能夠持續運動，所以做完氣功操後我一個人去散步
嗯～空氣真好～♡
咕嚕～
啾
啾
旅館附近有個造型圓滾滾、相當可愛的大室山
路上遇到2名同旅館的客人
啊，我看過這兩人……
您好，路上辛苦了—
妳有看到松鼠嗎？
剛才在那邊有看到哦～
松鼠～!?
後來我也親眼目睹了好幾次松鼠
啊
啊
啊
到處都是啊
實在太開心於是不斷往山裡走了…
啦
啦
松鼠小松鼠～
結果迷路了…
咦？這是哪裡啊？
明明還帶了地圖
沒想到這一散步就是一個半小時…
咕～
咕～
終於…回到旅館了…

早上10點的早餐時間…
喔～
MENU
蔬菜汁
咕嚕
咕嚕～
只有
旅館也有3天2夜的套裝行程，參加那個行程的人今天早餐開始回復進食
請慢用～
哇～
哇
耶
3天2夜組
隔板
好羨慕喔～他們好像能吃稀飯了耶～
很好吃的樣子～
流口水
4天3夜組的成員比3天2夜組少了10人左右…
男性2人
我們晚上開始也能回復進食了!!加油吧!!
我說下午大家一起出去走走如何呀？
嗯嗯
咕嚕
咕嚕～
咕嚕～
向心力高漲的4天3夜組……
於是下午4天3夜組的三名女性相偕出遊
對於在旅程中從不曾與陌生人
大家能變成好朋友嗎…
心裡還是有點不安…
緊張
緊張
妳們看～那棵樹上有好多橘子唷～
喀吱
喀吱
有松鼠正在吃呢～
晃
晃
好…好想吃橘子…
哇～
我也想吃～♡
咕嚕～
咕嚕
呆～～～♥

我去買罐茶喝～
自動販賣機
請便～
玉米濃湯
年糕紅豆湯
熱呼呼～
哇
年年糕紅豆湯～……
玉米濃湯～～
喔哇
咕嚕
咕嚕
?
我們很認真的走，來到了裡面有可愛小商店與美術館的「理想鄉」……
歡迎光臨 理想鄉
這裡就是理想鄉啊～
咕嚕
我們在一個時髦的咖啡廳暫時休息
當然只能點茶
呼～
咕嚕
咕嚕
咕嚕
這時候……
咦!?
飄～香
隔壁桌的客人竟然點了牛肉燉飯!!
香噴噴
哇喔～
那個牛肉燉飯看起來超好吃的～!!
下次來這裡玩，一定要去那家店吃牛肉燉飯啦～
由於我們彼此有「肚子超餓」這個共通話題，一路上非常有話可聊
咕嚕
咕嚕
咕嚕
咕嚕

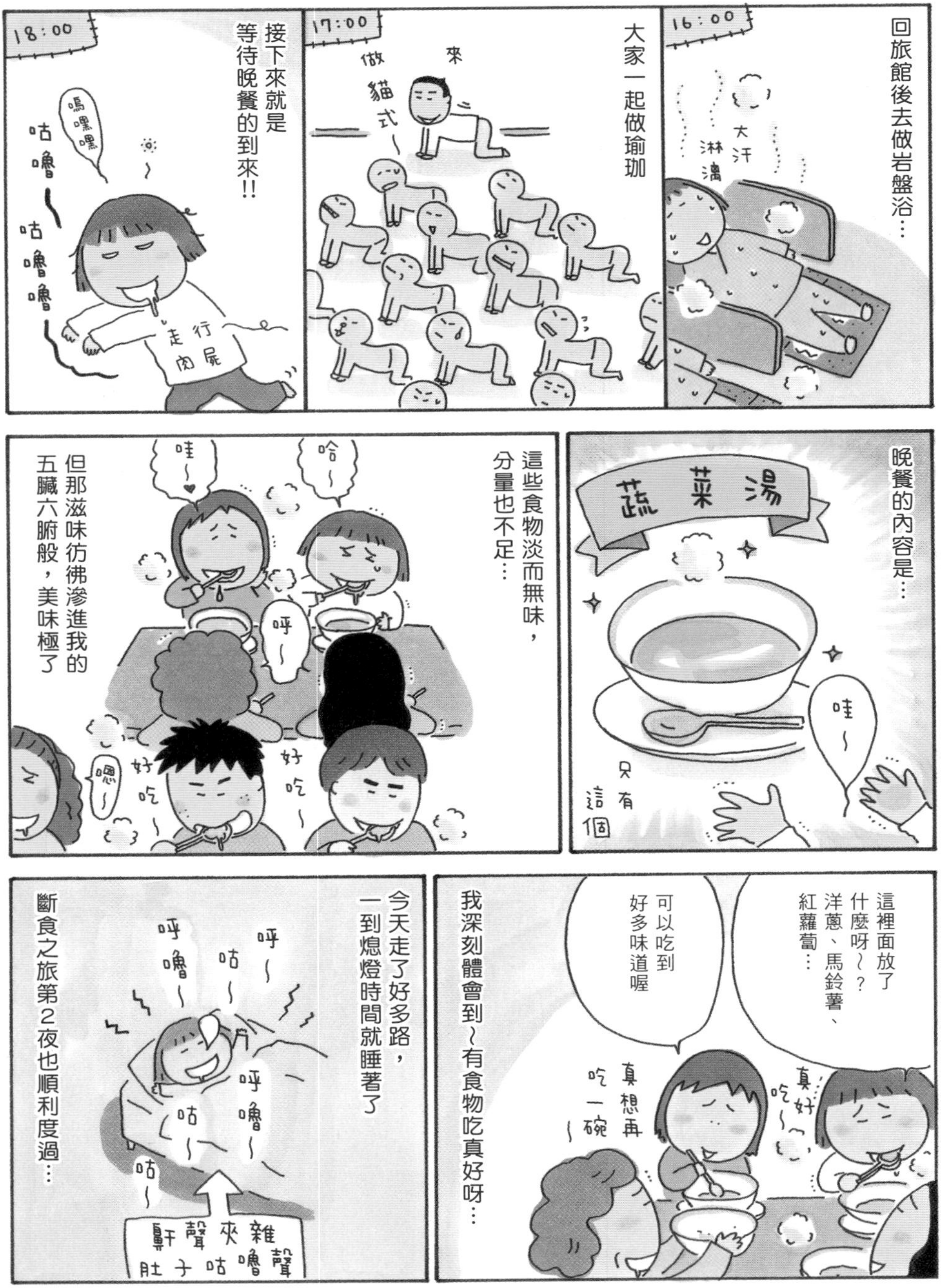

16：00
回旅館後去做岩盤浴…
大汗淋漓
17：00
大家一起做瑜珈
來做貓式～
18：00
接下來就是等待晚餐的到來!!
嗚嘿嘿
咕嚕～咕嚕嚕～
行屍走肉
晚餐的內容是…
蔬菜湯
哇～
只有這個
這些食物淡而無味，分量也不足…
哈～
哇～♥
呼～
好吃～
好吃～
嗯～
但那滋味彷彿滲進我的五臟六腑般，美味極了
這裡面放了什麼呀～？洋蔥、馬鈴薯、紅蘿蔔…
可以吃到好多味道喔
真好吃～
真想再吃一碗～
我深刻體會到～有食物吃真好呀…
今天走了好多路，一到熄燈時間就睡著了
呼～咕～
呼嚕～
呼嚕～咕～
咕～
鼾聲夾雜肚子咕嚕聲
斷食之旅第2夜也順利度過…

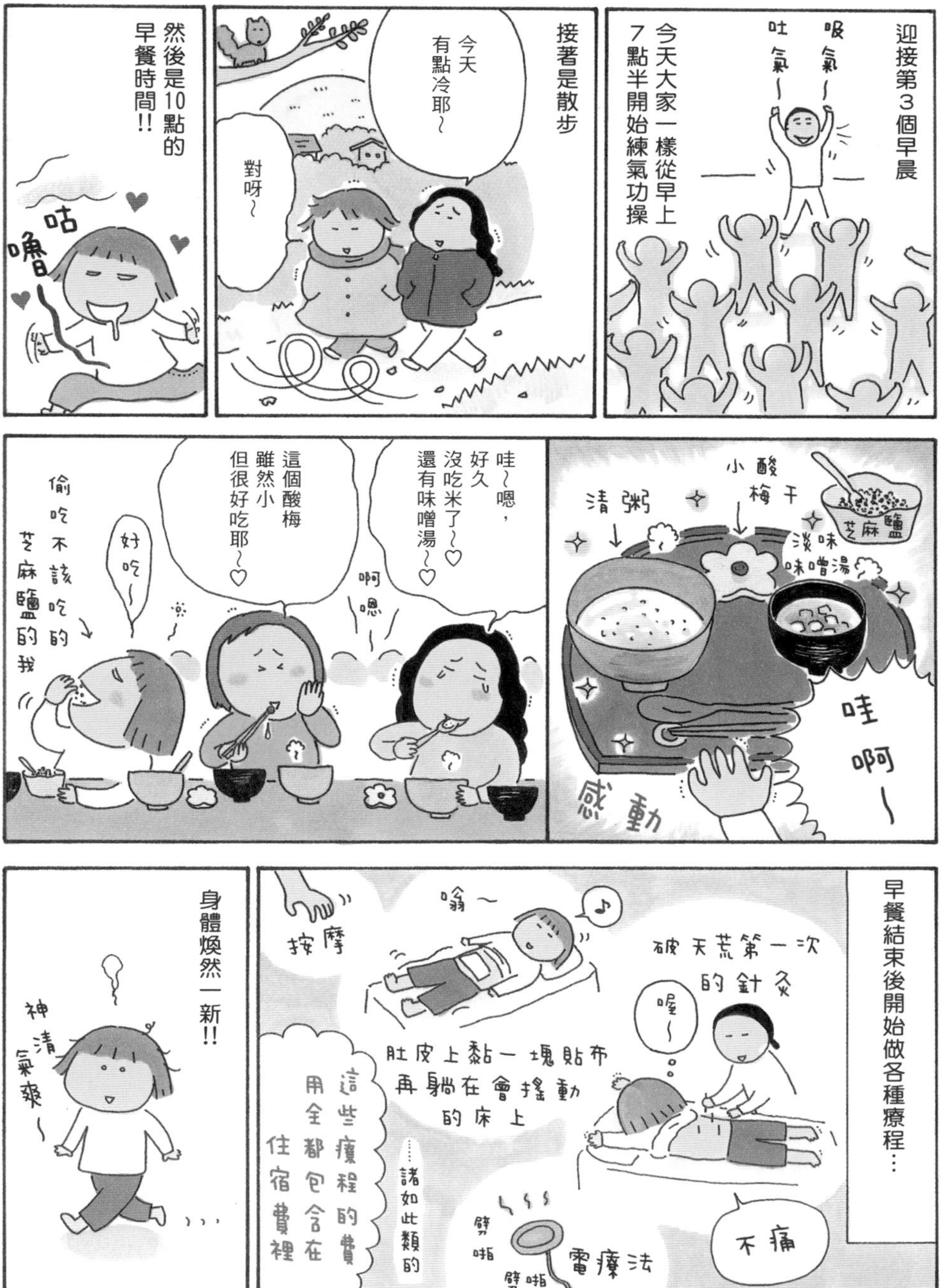
迎接第3個早晨
吸氣~
吐氣~
今天大家一樣從早上7點半開始練氣功操
接著是散步
今天有點冷耶~
對呀~
然後是10點的早餐時間!!
咕嚕
清粥
小酸梅干
芝麻鹽
淡味味噌湯
哇啊~
感動
哇~嗯，好久沒吃米了~還有味噌湯~♡
啊嗯
這個酸梅雖然小但很好吃耶~♡
好吃~
偷吃不該吃的芝麻鹽的我
早餐結束後開始做各種療程……
嗡~
按摩
破天荒第一次的針灸
喔~
不痛
肚皮上黏一塊貼布再躺在會搖動的床上
劈啪
劈啪
電療法
……諸如此類的
這些療程的費用全都包含在住宿費裡
身體煥然一新!!
神清氣爽~

今天下午大家各自有安排活動…
我報名參加了整骨治療～
我想回去睡午覺～
我要去泡溫泉～
所以我一個人搭了巴士…
噗～～噗
東海巴士
來到有「伊豆之眼」美稱的一碧湖
湖畔有輕鬆的散步道
哇!!
松鼠會突然橫過小路的散步道
驚嚇
於是我繞湖走了一圈
雖然昨天和同旅館的人一起活動還滿愉快的…
我們去了「貓咪博物館」
好可愛唷～
哇～
喵喵～
但一個人隨興走走也是挺開心的呀～
真想坐在湖畔欣賞湖光山色一邊吃飯糰…
啦啦
咕嚕
1小時後終於走完全程
輕食
甜酒
鴨飼料
順便也來一份黑輪吧～
超美味黑輪
手工麵條
嗚……
咕嚕
不要看不要看
咕嚕

接下來去的是蓋在湖畔的——碧湖美術館
這裡展示著許多卡辛紐(Jean-Pierre Cassigneul)的畫作
嗯~這裡的高原氣氛很搭配呢~♥
咕嚕~
咕嚕~
咕嚕~
安靜的美術館裡響起了肚子的咕嚕聲……
碧湖美術館
離開美術館走到巴士站，遇到一位婦女也在等車
巴士站
大概70歲吧？
您是一個人旅行嗎？
對呀，我朋友臨時有事，我就一個人來了
巴士站
總之先隨便聊一下
我也是一個人哦~
是嗎~我已經來過伊豆好幾次，但這還是頭一回自己一個人來呢~
不過啊，一個人旅行也滿有趣的呢!!可以輕輕鬆鬆地想去哪裡就去哪裡~
對呀，就是這樣~
卡辛紐的畫真不錯~我也很喜歡黑柳徹子，這麼說來那張畫裡的人物好像有點像徹子小姐呢~
噗噗……
滔滔不絕
嗯呵呵~
上車之後又坐在我旁邊……真能講呀~
這位一個人旅行的忘年之交半途就下車了…
路上小心~
我則去了那座圓滾滾的大室山

搭4分鐘纜車去大室山頂
好……
好冷……
咻—
從山頂眺望伊豆海岸，景色真迷人!!
伊豆大島
哇啊
山頂正中央處有個大凹洞，裡面有射箭場
射箭場
四周則圍繞著1公里左右稱為「缽邊巡禮」的遊步道
這一天氣溫相當低…
←富士山
好冷
躲在不怕冷的老佰後面跟著走
咻~
咻—
繞了一圈後趕緊下山
回程巴士站
暖呼呼甜酒
呼啊~
回旅館後去泡溫泉讓身體溫暖起來
呼~
跟大家炫耀自己今天走了多少路
甚麼~妳去一碧湖和大室山~?
太厲害了

今天的晚餐登場了!!
紅蘿蔔雪泥
涼拌豆腐
芝麻鹽
酸梅干
稀飯
味噌湯
呵呵…太開心了…竟然有配菜耶~♡
還有甜點唷~♡
呵呵~♥
哇啊~
好吃好吃…
真好吃~
今天的晚餐一樣美味極了…
接著進行「腦袋放空」團康活動後…
咿—
大家圍著燭光的奇妙團體遊戲
大夥兒又一起去夜遊兜風
噗噗~
一群人到海邊看夜景…
啪沙~
那些光點是釣花枝船
耶
哇
順便去買買土產紀念品…
珍味
花枝仙貝
伊豆高原啤酒
嘩嘩
好像很好吃耶~
真想馬上就吃啊
嘩
饅頭
乾貨
試吃
這種感覺就像是參加畢業旅行，真是太好玩了…
好了，大家上車吧~
我買了好多哦~
我也是
IZU
第3天晚上也順利度過…

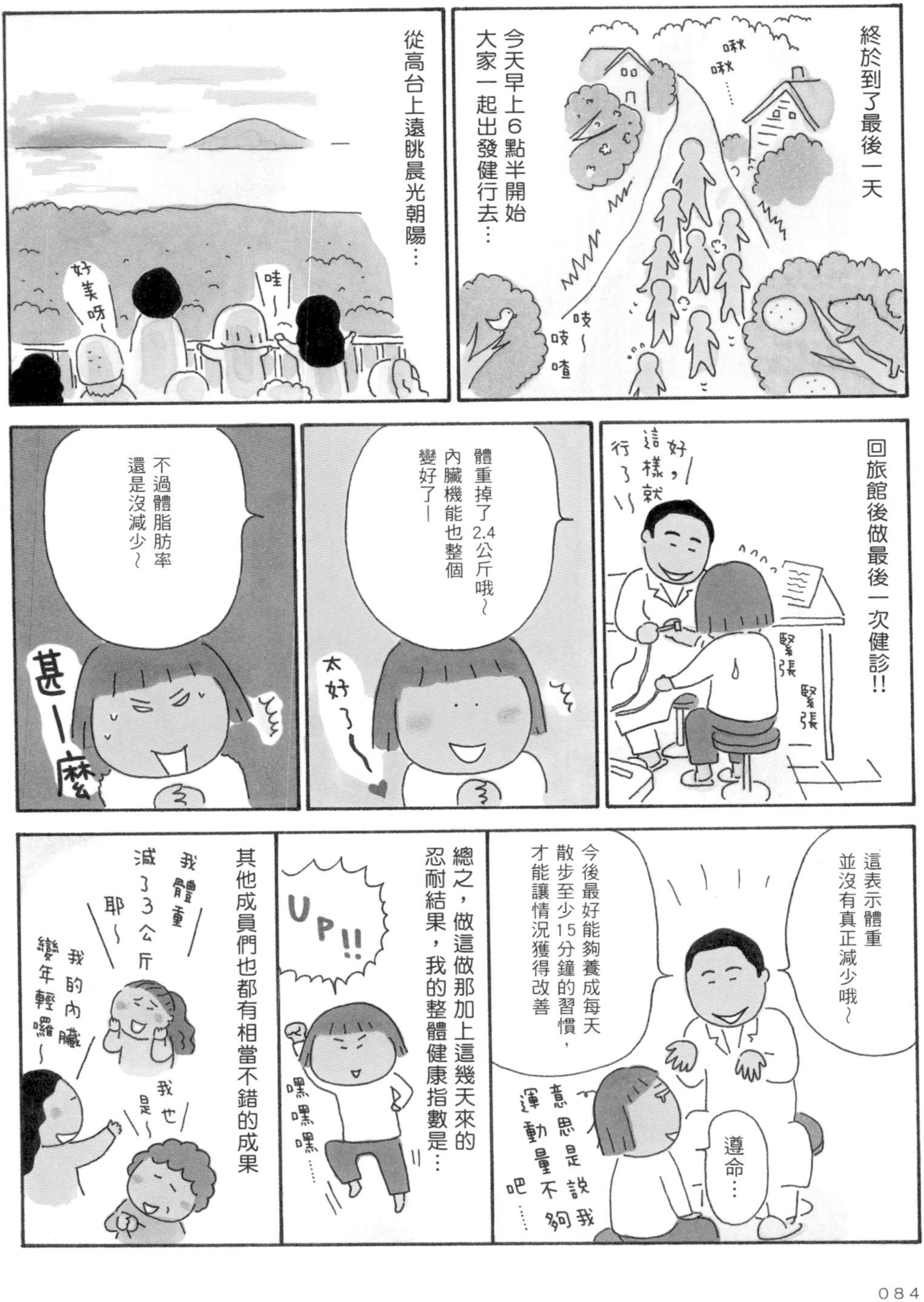
終於到了最後一天
啾
啾……
今天早上6點半開始
大家一起出發健行去…
吱～
吱喳
從高台上遠眺晨光朝陽…
哇～
好美呀～
回旅館後做最後一次健診!!
好，這樣就行了～
緊張
緊張
體重掉了2.4公斤哦～
內臟機能也整個變好了—
太好了～
不過體脂肪率還是沒減少～
甚—麼
這表示體重並沒有真正減少哦～
今後最好能夠養成每天散步至少15分鐘的習慣，才能讓情況獲得改善
意思是說我運動量不夠吧……
遵命…
總之，做這做那加上這幾天來的忍耐結果，我的整體健康指數是…
UP!!
嘿嘿嘿……
其他成員們也都有相當不錯的成果
我體重減了3公斤耶～
我的內臟變年輕囉～
我也是～

最後一天的早餐終於換成一般的餐點…
芝麻鹽
橘子
昆布滷菜
燙青菜
糙米飯
味噌湯
醬瓜
喔耶～
心中充滿了幸福感 肚皮也撐得飽滿
再多我都吃得下哩～
好吃～太好吃了啦～
斷食除了有助於瘦身，更可利用短暫停止供給養分的刺激 讓身心煥然一新
收縮
排除體內毒素，喚醒沉睡的五感
經過這幾天之後，我的味覺變得更敏銳了…
舌頭變得很敏感哦～
身體與頭腦也都神清氣爽!!
前來投宿的有不少是這裡的熟客
每次只要覺得體內累積太多毒素，我就來這裡報到
是喔～
澡堂裡的對話
…他們幾乎都是這樣說
他們的心情我或多或少可以體會…
讓快要壞掉的電腦重新啟動
大概就是這個意思吧？
為期4天3夜的套裝行程到此結束…
載送大家到車站
謝謝關照
曾經一起同甘共苦的夥伴們相互道別
2號月台
路上小心哦
回程路上如願以償品嘗了火車便當
喀答……
卡咚……
哇哈
茶
金目鯛壽司便當♥
抱著無毒一身輕的愉快心情打道回府

這次承蒙照顧的
沉靜之鄉 高原館

令人感激的
一碗湯

＼早餐就只有果汁!!／

茶水
可隨意喝……

／好久不見的固體食物～＼

在四周散步的旅客們

射箭場

咕嚕咕嚕～
咕嚕咕嚕～

太幸福了……

真好吃……

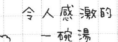

碧湖上的腳踏船
鳥龜造型嗎？

大家從一大早就開始健行!!

看了就刺眼

參加斷食獲得的土產麵包♡

實在餓得受不了時可以喝一點的薑茶（一天只有一小包……）

最後一天的早餐!!

閃閃

金光

松鼠啃咬過的痕跡

最痛苦的是第1天晚上，完全無法入睡
咕嚕~
咕嚕~
咕嚕~
咕嚕~
嗚嗚~
這一天肚子餓的感覺最強烈……
好ㄜ刺眼……
頭昏
伊豆
再看一次旅遊指南，上面全都是美食情報!!
我心想……只要夠堅持，在家也能自己進行斷食吧？
半路上這個自信就全然瓦解了
嚼嚼
嚼
在前往目的地的舞孃號車上……
金目鯛壽司已經在熱海站時送抵本列車～
嗚~
下定決心回程時一定要吃這個～
咕嚕嚕
唉呀~
特別想吃的東西
鯛魚生魚片
淋上大量美乃滋的咖哩
咖哩
香味
啊
咕嚕~
一聞到香味就想要抓狂

我們公司附近有一家超好吃的餃子店哦～
上次我去的那家蛋糕店啊～
好像很好吃耶～
真好～
大家聚在一起時最愛聊的話題就是食物

我背上幾乎沒留下
甚麼痕跡哩？
因拔罐後的痕跡比人家少而自豪
動作超快的松鼠
咻
咻
喀吱
喀吱
回家後立刻
去買了體脂肪計
回去後買了市面上的優格來吃
味道太濃了!!
竟然有這個感覺。
藍莓口味
膚質變好了
光滑

伊豆集錦

提供給大家的休憩室。
既明亮又乾淨。

除了擔心因為斷食肚子可能會餓得受不了，個性怕生的我對於即將要和陌生人一起過團體生活，心裡多少也有點不安。實際上看到大家那麼努力地忍住空腹感，不禁油然升起一股微妙的革命情感，就這樣順利度過這次的挑戰。

不喝啤酒改喝果汁。
這就是我們的晚餐

每次旅行回來身材都爆增一大圈的我，能夠帶著如此清爽的心情、身輕如燕地回到家，這還是頭一遭。回家後心裡更興起「該好好改變自己長久以來的生活習性了！」的念頭。誰都喜歡無拘無束的旅行，但偶爾挑戰一次像這樣的斷食行程，強迫自己貫徹到底，也是挺不錯的經驗呢～這是我這次旅行最大的體認。

回程時吃的
火車便當。
真的是太好吃了…

➡DATA
沉靜之鄉　高原館（やすらぎの里　高原館）●靜岡縣伊東市大室高原6-382　☎TEL：0557-55-2668（高原館預約中心）http://www.kougenkan.com/

一個人
一個人
去旅行～
嚇
出現
擺擺
搖搖
救命啊～
唔～嗚……
熊跑進夢裡了

（譯註：Snufkin，卡通嚕嚕米裡的人物之一）

石垣島上充實的14天

沖繩八重山篇

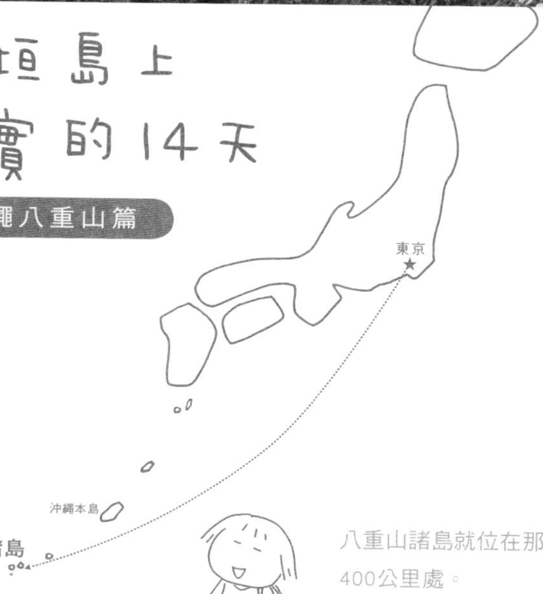

八重山諸島就位在那霸的沖繩本島南邊
400公里處。
這次要拜訪的是它的中心點—石垣島，
來一次離島巡禮之行～!

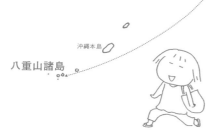

如果有2個禮拜的假期，應該能夠很悠閒地度假吧？抱著如此單純的想法，千里迢迢來到了石垣島
石垣機場
到囉～
第一次來石垣島!!
這次的投宿地點是按週出租的公寓
在這兒呀～
從機場搭計程車約10分鐘
緊張
興奮
未來2個禮拜我都會住在這裡
一抵達公寓，管理公司的員工向我做簡單的住宿說明後，先收取住宿的租金
這是鑰匙～
垃圾請按照規定的時間放在規定地點～
好的
住宿費用
單人
14天13夜
加上水電
一共是
40950
日圓
那麼，祝您玩得愉快
啊…請問到時候我要怎麼退房…
哦～不必特別辦理退房手續，只要把鑰匙留在鞋櫃上，不必關門，11點左右離開房間就可以了～
還有其他疑問的話可以打電話來詢問～
告辭了～
啪咚
不必關門嗎…
真隨興啊～
……
緊張
緊張
興奮
簡簡單單就租下的這間公寓…

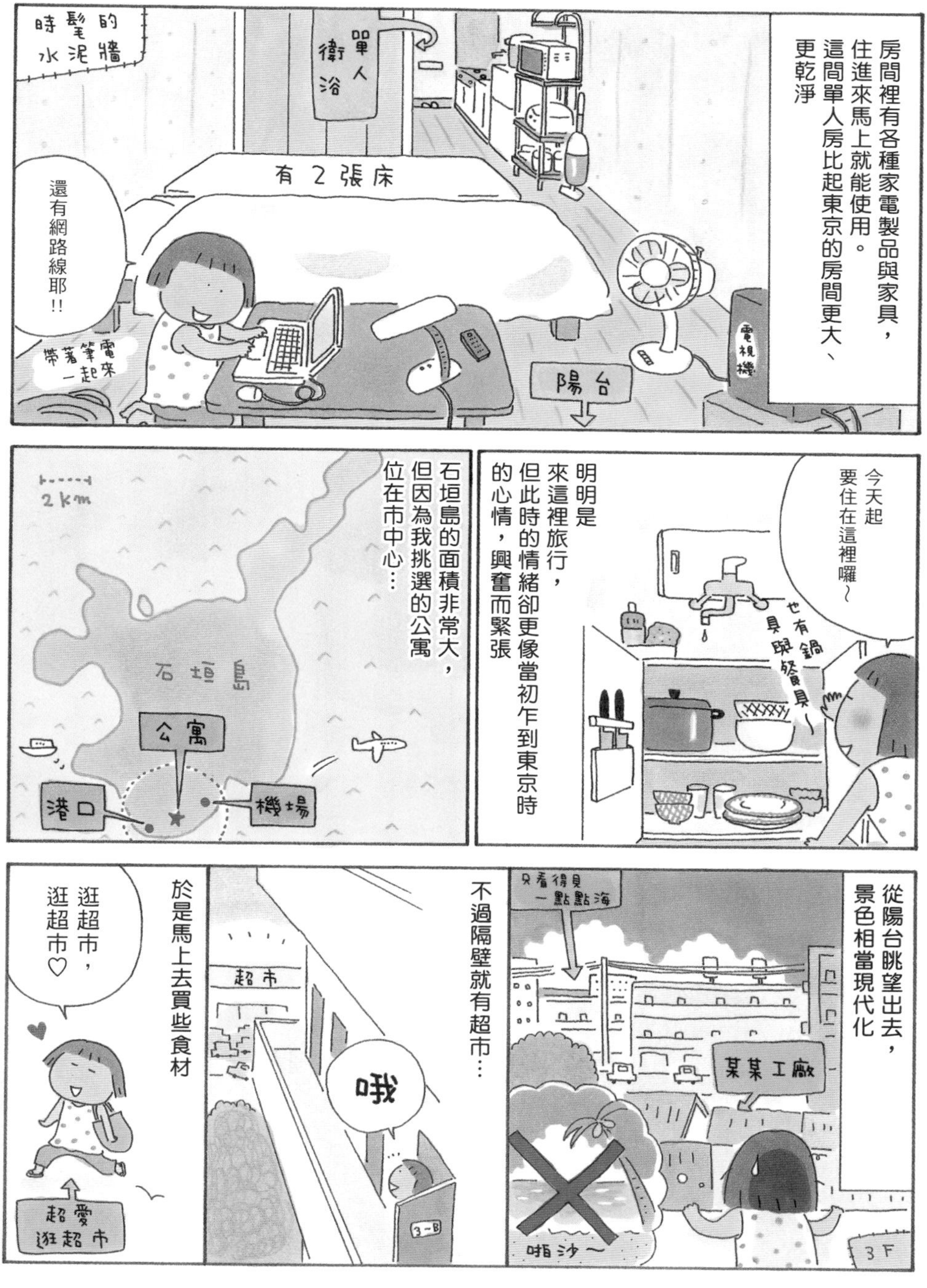
房間裡有各種家電製品與家具，住進來馬上就能使用。這間單人房比起東京的房間更大、更乾淨
時髦的水泥牆
單人衛浴
有2張床
電視機
陽台
帶著筆電一起來
還有網路線耶!!
今天起要住在這裡囉～
也有鍋具與餐具～
明明是來這裡旅行，但此時的情緒卻更像當初乍到東京時的心情，興奮而緊張
石垣島的面積非常大，但因為我挑選的公寓位在市中心…
2km
石垣島
公寓
港口
機場
從陽台眺望出去，景色相當現代化
只看得見一點點海
某某工廠
唰沙～
3F
不過隔壁就有超市…
超市
哦
3-B
於是馬上去買些食材
逛超市，逛超市♡
超愛逛超市

哇~是芒果耶!!
石垣芒果
也有鳳梨~
石垣產鳳梨
還有各種豆腐~
島豆腐
豆腐花
花生豆腐
花生豆腐
盡是一些我不認識的蔬菜~!!
四角豆
山蘇
麵條~!!
八重山麵條
八重山麵條
ORION 啤酒♡
Orion
在陌生土地上的超市遇見許多不認識的商品，實在太好玩了…
咚咚
咚
啦啦♫
我買了各種食材回去自己煮
七穀米
完成了~!!
七→米穀飯
生魚片
沖繩醋海帶
花生豆腐
石垣產蔬菜沙拉
ORION啤酒
今天早上人還在東京，現在卻已經坐在這裡，真是太神奇了~♡
內心百感交集…
當天就這樣睡著了
呼嚕~
只要一喝啤酒很快就會睡著
Orion
隔天…
豔陽~

今天是個觀光的絕佳好天氣
♪
啪
但是我打算嘗試今明兩天都悠悠哉哉地度過
來打掃打掃新家♡
擦
擦
這次要在這裡住上一陣子，所以我把工作要使用的工具也帶來，工作還不至於完全中斷…
專心工作
……
午餐依然是去超市買材料回來，正當我開始作菜時…
呵呵～還買了芒果唷～
咦？
噗咻
糟糕～濾網融化了～!!
傻眼～
融成一團
住進來才第2天就已經弄壞一個廚具…
濾網……
於是下午到附近走走，找找看有沒有類似的濾網
好熱～
炙熱的太陽下路上杳無人跡
吱～
吱～
難道大家都躲在家裡～？

公寓附近盡是現代化建築，偶爾能夠見到一些古老的民宅…
哇～♥
家庭苦瓜菜園
呵呵呵…種了好多花唷
真可愛～♥
雖然找到賣雜貨的小店，但裡面沒有賣類似的濾網…
那是個很普通的白色白鐵濾網…
金屬濾網
為了認識附近的道路，我沒有特定目標地到處走…
呼～
呼～
MAP
天氣異常炎熱，熱到我再也受不了了
我……回來了～
癱
啪
第2天就在如此充滿在地氣氛的狀態下結束…
接下來第3天依舊是個大晴天!!
全身擦好防曬乳
捨棄短袖改穿長袖
帶著毛巾
水壺
裝了自己煮的茶
有了昨天的教訓，今天特地做好防曬工作…
今天打算往港口方向走走
昨天散步的區域
走路約20分鐘
公寓
港口

首先去港口附近的商店街
AYAPANI MALL
石垣島特產品
土產
穿廊式商店街
這裡不愧是觀光客最愛的地區，熱鬧極了
土產
水果
冰
全國發送
嘩
嘩
真好吃～
東張
西望
好像沒賣濾網耶～
還在繼續找
接著往石垣島的離島轉運站
2007年完成
這裡有許多前往其他小島的接駁船
西表島・竹富島・小濱島・黑島
波照間島・新城島・鳩間島・由布島
前往八重山諸島。
環島觀光行程諮詢・接洽處
船票販售處
比石垣島機場更華麗的出航指示牌
嘩
嘩
嘩
好棒喔…從這裡可以去許多小島耶～♡
時刻表
6
內心開始騷動不安…也差不多該來安排一下觀光行程了吧？
就算要在這裡待2個禮拜……
總不能只是逛超市和找濾網……

之後在附近閒晃…
好熱～
石垣島冰果室
今川燒
冰 紅豆
啊!?
我在路上經過的冰店吃了沖繩紅豆冰…
沖繩紅豆冰 其實是刨冰
真好吃～
黑糖漿底下有紅豆和湯圓
¥200
又去了可愛的陶器店買東西…
南國燒陶
本地師傅
真可愛～
石垣燒
八重山陶器
需要以土產專用的包裝紙包起來嗎？
買了 飯碗×2 盤子×2
不用不用，我回家馬上就要使用，簡單包一下就可以了
我就住在附近
謝謝惠顧～
感覺自己好像真的是本地人
啊呵呵……
回家後馬上拿出新買的餐具使用，晚餐當然還是自己煮
哇～
生活真精采呀～
看來我已經習慣石垣島上的生活囉？明天終於可以開始進行企盼已久的島上觀光了!!
用完之後就當成送給自己的土產禮物……

石垣島環島觀光篇

第3天早上
今天開始要來觀光了!!
心裡這麼盤算卻還是不停看書的我…
嗯 嗯 嗯
嗯……
今天要利用1年多前
拿到的C級執照
來去潛水
嗯～
面罩進
水的話
要……
唔嗯
空有執照
還沒潛過水
Diving Beginner's Book
潛水讀本
我請潛水店的員工
到公寓附近來接我…
早安～
緊張
興奮
搭車30分鐘左右到達川平
川平
我住的地方
這裡看到魔鬼魚的
機率非常高，
因此成為
相當著名的潛水區
魔鬼魚
身為初學者心裡緊張得要命，卻還敢
打如意算盤，想要順利看到魔鬼魚
真的能
看到魔鬼
魚嗎～
緊張
興奮
抵達潛水店後租借器材…
請穿上
這件
好的～
緊張
緊張
興奮
從潛水店前方廣闊的川平灣
搭乘小船往海上去
哇～
好美的
一片海唷!!

今天要一起潛水的大概有10人左右…
這是今天起加入我們的高木小姐
大…大家好~
ㄟ……只有我是一個人……？
其他潛水客似乎昨天就下過水了，而且全團只有我是單獨來參加…
心中超級忐忑…
我……我真的是隻菜鳥，很有可能會拖累了大家……
慌亂慌張
放輕鬆，我會聽妳講的
抵達潛水點後大家陸續下水了
咚
咚
…可是我實在太緊張，根本無法放鬆
媽呀……
咚
放輕鬆，沒甚麼好緊張的~來，慢慢地深呼吸
只剩我還沒下水
冷靜下來後奮力往海裡一跳!!
哇嗚~
咚
我的潛水技能終於一點一點回復了
水中溝通用寫字板
一步一步慢慢來
其他潛水客

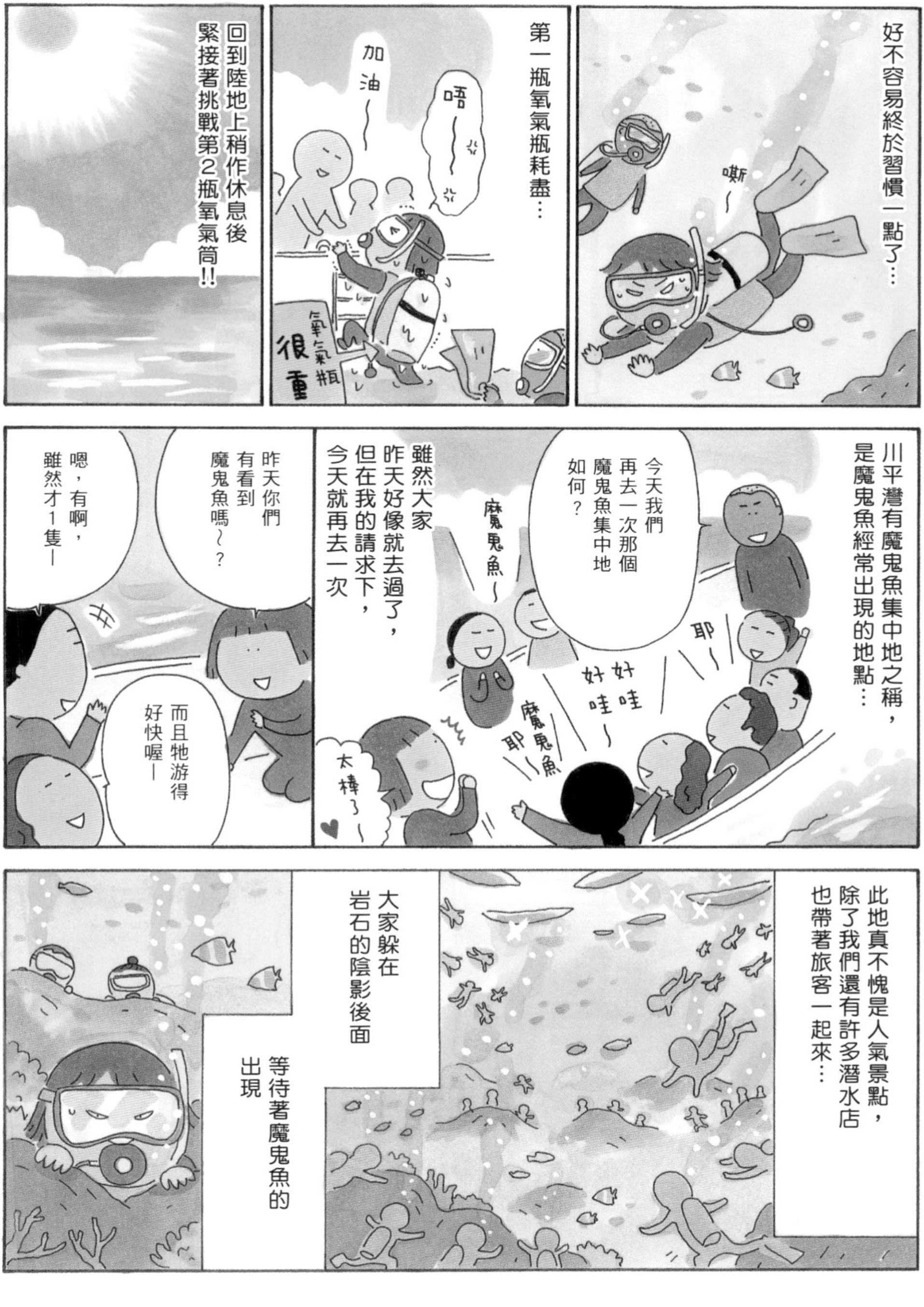
好不容易終於習慣一點了…
嘶~
第一瓶氧氣瓶耗盡…
唔~~
加油~
氧氣瓶
很重
回到陸地上稍作休息後
緊接著挑戰第2瓶氧氣筒!!
川平灣有魔鬼魚集中地之稱，
是魔鬼魚經常出現的地點…
今天我們再去一次那個魔鬼魚集中地如何？
耶~
好哇
好哇
魔鬼魚~
魔鬼魚耶~
太棒了~
雖然大家昨天好像就去過了，
但在我的請求下，
今天就再去一次
昨天你們有看到魔鬼魚嗎~？
嗯，有啊，雖然才1隻—
而且牠游得好快喔—
此地真不愧是人氣景點，
除了我們還有許多潛水店也帶著旅客一起來…
大家躲在岩石的陰影後面
等待著魔鬼魚的出現

但即便這裡有魔鬼魚集中地之稱，也不見得每天都能遇到牠出現……
好不容易來到這裡，一定要讓我看到啊……
正當我暗自祈禱時……
過了10分鐘
牠突然在我正上方現身了
因為在海裡聽不到聲音
魔鬼魚果然非常巨大，魄力十足……
牠就這樣緩緩地從我頭上滑行而去……
努力憋氣以免嚇跑魔鬼魚
我目送牠的身影消失在遠方
嗚
感動……
回到潛水店後大家吃著工作人員烹煮的午餐……
太好了，有看到魔鬼魚～
好大一隻喔～
這是甜點～
我有拍到魔鬼魚的照片哦～
真厲害～
潛水活動順利完成了
喀嚓
MARINE SERVICE NAPOLEON
紀念照片……

既然來到這裡，
就稍微逛了一下川平灣
BLUE SEAL
冰淇淋
呵呵呵……
玻璃船上船處←
紅地瓜冰淇淋
川平灣是國家級的觀光勝地，
擁有一片乾淨無瑕的大海…
可惜海流太急，禁止游泳
我坐在海濱樹蔭下，
欣賞著眼前這片美景
呆～
寄居蟹
隔天我繼續努力地
打掃房間
呼
呼
擦
擦
因為一直在工作上
幫助我許多的美編要和她先生
來石垣島旅行，
順道來我家坐坐
C氏夫妻檔
歡迎歡迎～
哇～
耶～
打擾了～
祝・貴客初次臨門

好棒哦~家電用品一應俱全呢~
這是伴手禮西瓜~~
我也好想住這裡喔~
呵呵……
然後我跟他們聊到目前最值得炫耀的話題…
昨天我去潛水時有看到魔鬼魚喔~
這麼大隻
真的呀~
還有現在最苦惱的事情…
這個濾網是這裡提供的廚具…
破洞
哇~
之後C氏夫妻開著出租車帶我一起去兜風…
我們去了宮良農園
哇~♥
百香果
花
啊，百香果結果了耶~
是喔~我還是第一次看到呢~
在這裡能夠喝到現榨的新鮮果汁
百香果汁
芒果汁
綜合果汁
也有水果冰沙

稍微往下走一小段
有個杳無人煙的海岸
沙
沙
C氏夫妻都很喜歡沖繩，
每年都會來這裡旅行…
啊呵呵～
氣味相投的夫妻檔一起旅行…真好啊～
…心裡不免稍稍羨慕的單身旅行女子
當天暫時先彼此道別…
開車送我回家
後天
我請C氏夫妻帶我一起參加
他們經常參與的環保之旅!!
當天的組員
環保之旅舉辦人「MEGA ROPA」先生
MEGAROPA
C氏夫妻
環保之旅新手
所謂環保之旅是提供人們
向大海、山岳、河川等自然環境
學習的機會，體驗大自然…
來石垣島幾次後決定從東京搬來此地的K小姐
緊張
我
興奮
石垣島除了大海之外
還有許多豐富的
自然資源…
想像圖
今天是我第一次挑戰搭乘
獨木舟進入紅樹林
我有當時拍下來的
照片哦!!

環保之旅

搭獨木舟勇闖紅樹林GO!!

嘰~

嘰~ 嘰~

嘰~

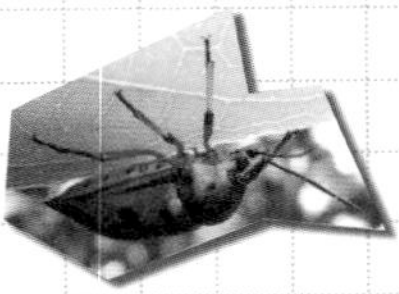

嘿咻 嘿咻

蟬兒大合唱……

在林中水池裡亂玩一通

烤爐烤出來的酪梨和苦瓜

正在烤披薩～

稱為蓮霧的水果

呼～

大家一起在戶外野炊

嘩

嘩

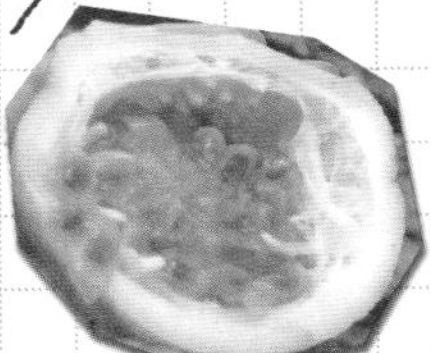

百香果

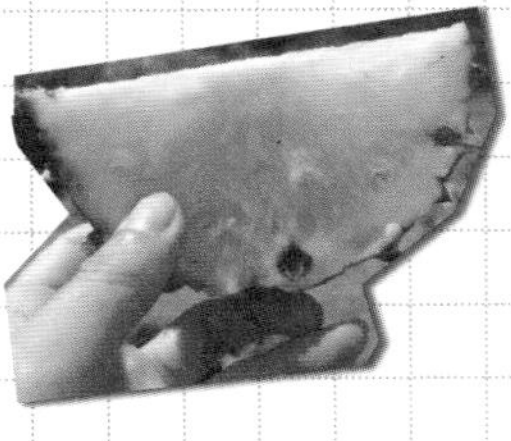

好香甜的鳳梨

芒果～

超好吃～!!

從屋頂遠眺夕陽……

石垣島

\ 石垣島上的公寓 /

我住在3樓

偶爾會舉辦
ORION 啤酒節

透涼

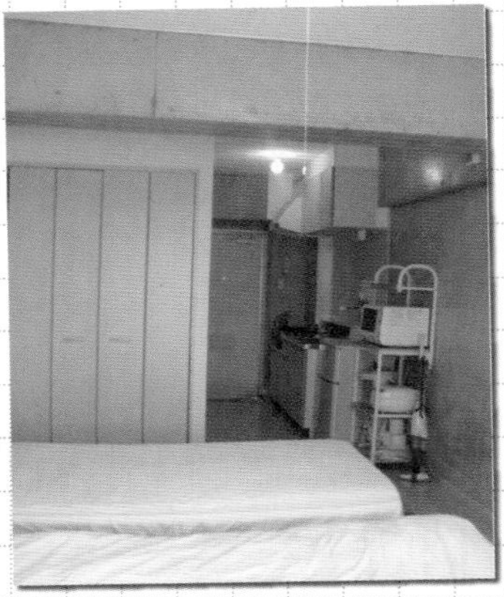

我的房間 ♡

在吊床上午睡片刻♡

拜託一位一個人來散步的男生幫我拍的照片

呵呵

盛開的九重葛

超市裡堆積如山的ORION啤酒

ORION小山

到處盛開的可愛小黃花……

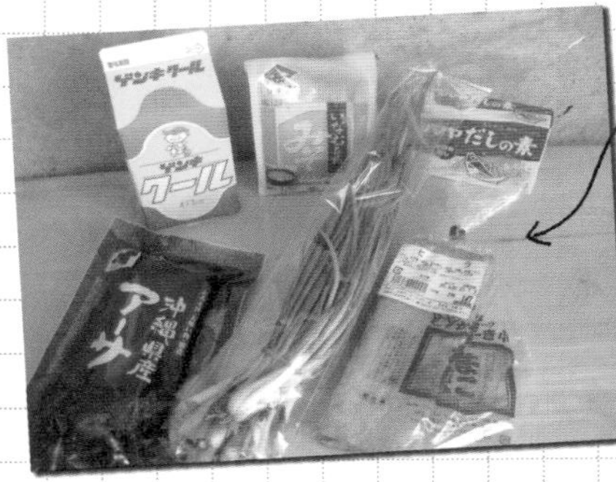

石垣魚板

花生豆腐

每天都自己煮飯

稱為四角豆的豆子

因為沒帶只好再買一個開罐器

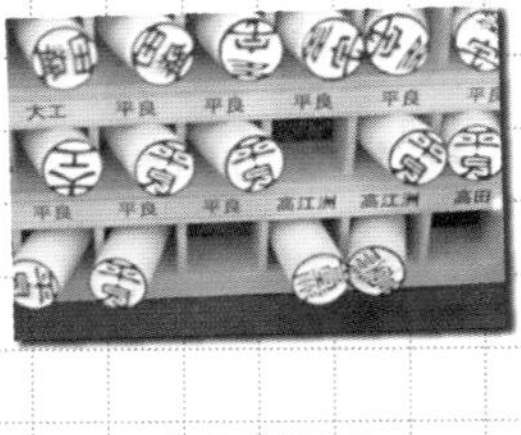

沒有刻「高木」的印章……

順便來去瞧瞧波照間島！

在石垣島的日子進入後半段，我也開始計劃各種短程旅行
明明現在就已經在旅行中
明天開始要去旅行囉♡
啦啦
地點是位於日本最南端、從石垣港搭船約1小時的有人島—波照間島!!
鳩間島
石垣島
小濱島
西表島
竹富島
黑島
新城島
波照間島
放著東京租來的公寓跑來這裡另外再租房子，實在滿浪費的呀～沒想到現在這間房子也要被空置下來
這輩子第一次的雙重空置啊…
總覺得有點浪費……
波照間島的評價很高哦～
聽說有「最遠端的珊瑚」之稱
於是我到石垣港去…搭乘前往波照間的渡船
新波照間島
單程2080日圓
波照間島附近的海域浪滔很大，船身搖晃得很厲害…
啪崆
啪崆
唉呀～
嗚哇～
哇～
有時簡直就像是在坐雲霄飛車
雖然我坐在比較不會晃的後座，還吃了暈船藥，還是被搖得頭昏腦脹
還…還要10分鐘，好久啊……我快撐不下去了……
很容易暈車暈船
下船後港口聚集了許多旅館飯店的迎賓人員…
照島莊
KEDAMOTO莊
石之莊
珊瑚莊
星空莊

我也坐進前來迎接我的旅館迎賓車內…
同車的4人男女團體
您好！
TAMASHIRO
緊張
興奮
前往今晚投宿的旅館
民宿TAMASHIRO
TAMASHIRO
C氏夫妻好像也曾住過這家旅館…
去波照間島的話不妨住看看「TAMASHIRO」？
很有趣哦～
聽了各方的推薦特地來看看，不過乍看之下這家旅館好像有點原始
不是多漂亮啦～
……
但至少沒超出我的想像範圍…
我和同行的4位房客要住在此地
高木小姐特別要求住一般的民宅，所以…
旅館老闆
民宅？
咦？
我被帶到另一個地方住…
旅館老闆的親戚家
KANANIKA
住宿客人多時還會暫時充當二館喔～
這也還在想像範圍內
TAMASHIRO
就在附近，開車一下子就到了

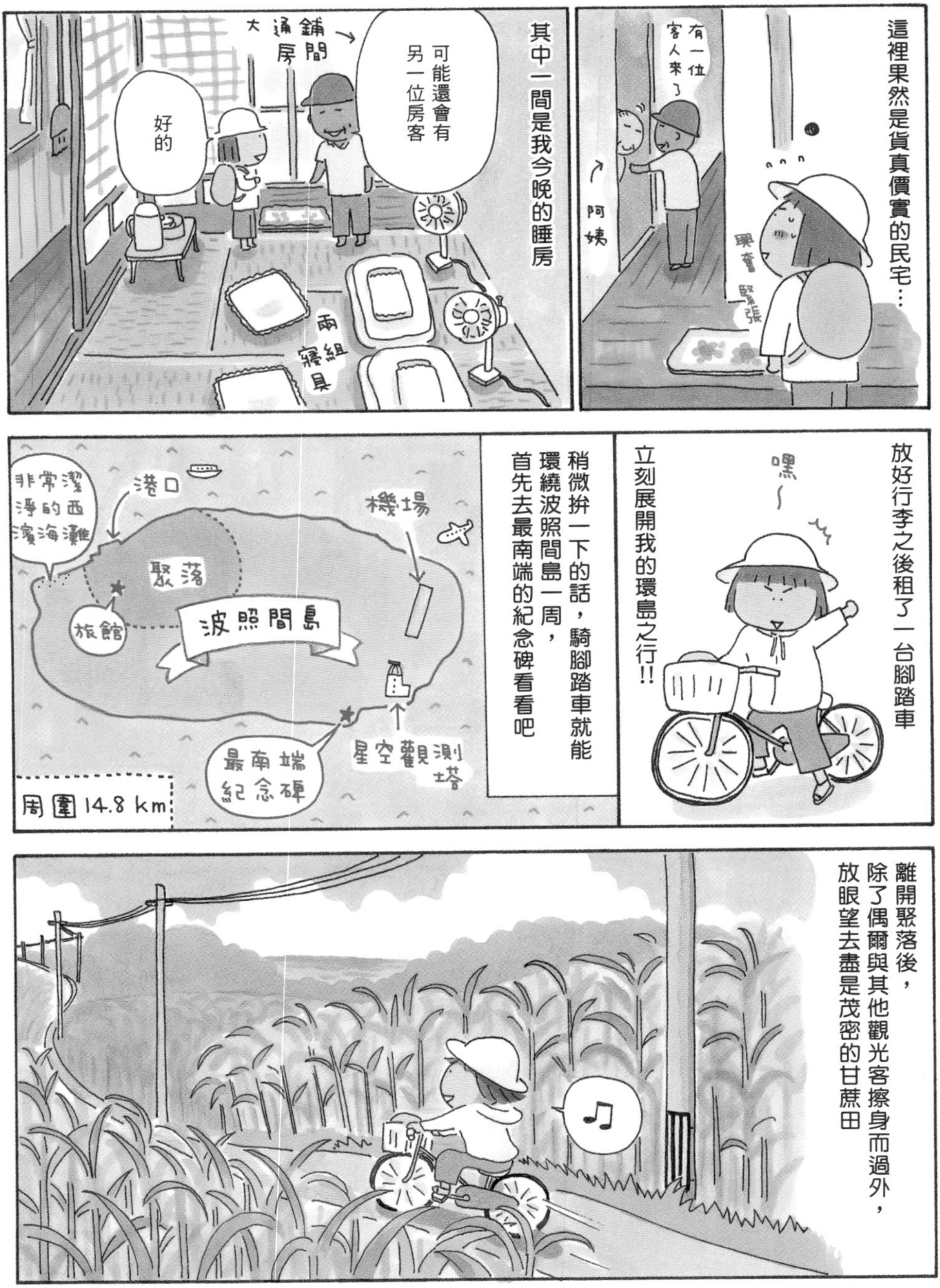
這裡果然是貨真價實的民宅…
有一位客人來了
阿姨
興奮
緊張
其中一間是我今晚的睡房
可能還會有另一位房客
好的
大通鋪房間
兩組寢具
放好行李之後租了一台腳踏車
立刻展開我的環島之行!!
嘿~
稍微拚一下的話，騎腳踏車就能環繞波照間島一周，首先去最南端的紀念碑看看吧
非常潔淨的西濱海灘
港口
機場
聚落
旅館
波照間島
最南端紀念碑
星空觀測塔
周圍14.8 km
離開聚落後，除了偶爾與其他觀光客擦身而過外，放眼望去盡是茂密的甘蔗田

……偶爾還會遇到山羊群
是放養？還是野生的？
驚
不過……太陽好大啊……
途中幾乎不見任何商店或自動販賣機
最南端紀念碑→
呼……
呼……
終於來到最南端了
耶～最南端，是最南端耶♡
唷呵
在這個位於最南端的島嶼上，這裡是它的最南端呢
四周不見人影，只好一個人拍紀念照……
笑
日本最南端之碑
計時自拍器
附近有個星空觀測塔，在那裡可以買到「日本最南端證書」
日本最南端證書
THE MOST SOUTH POINT OF JAPAN
茲此證明您於今日北緯24度02分44秒、東經123度47分18秒在日本最南端的波照間島留下了足跡。
500日幣
附近有個休憩涼亭，可惜被山羊們霸佔了
還有烏鴉
呼～熱
死了……

回程時的上坡路段要比來時更陡，隨身攜帶的茶水也幾乎喝光，眼看就快不行了
呼……
呼……
停下來休息只會曬得更熱，只能拚老命往聚落努力地騎…
好久不曾騎腳踏車騎得這麼辛苦了
沒想到我還有辦法站著騎車耶
呼……
呼……
呼……
太…太好了…
好不容易騎回聚落吃午餐
PANANUFA
哈～
嗡～
外頭實在太熱了，於是在這裡休息了2小時…
這裡並沒有冷氣
之後再度騎著腳踏車去看海…
顏色很像冰淇淋汽水的西濱
哇啊～太美了!!
下午4點左右回到旅館，但似乎沒有人在裡面
推開
我回來了～
安～靜
阿姨也不在家
正舒舒坦坦這麼想…
似乎還沒有其他客人住進這間通鋪呢～
喀啦
剛洗好澡
我的通鋪室友來了!!
今天就請您住這間房間～
喔

您好，初次見面～
當時內心非常忐忑，不知道會和甚麼樣的人同房間…
請多照顧～
我從岡山來，一個人旅行中～
這位看起來滿親切的，我總算鬆了口氣
我也是一個人，從東京來的～
呵呵呵
哇哈哈妳不熱嗎～？
哼～
想像的不良範例？
晚上6點本館的庭院擺開長桌，大家一起在這裡吃晚餐
嘩
嘩
嘩
住宿客全部到齊（當天有25人）
我聽說過這家旅館提供的餐點分量非常多…
飯很大碗哦～
真的很多耶…
豐盛
桌上也有產量稀少被稱為夢幻泡盛的「泡波」
泡波
波照間產
這些住宿客裡有不少常客或是一連住上好幾天的客人，氣氛很融洽
啊！我建議妳先吃麵再吃飯，這樣才有肚子吃更多東西哦
啊
同寢室的女孩好像來這裡住過好幾次了
吃更多？
真棒～
妳這樣很快就吃不下囉
今天泡波已經拿出來第4瓶了耶～
泡波
大家不妨做個自我介紹吧～
常客

我從大阪來，昨天還在與那國島旅行呢
yukisannchi
我從名古屋來的，這是我有生以來第一次一個人旅行
我心裡好緊張喔～
我來自東京，平常是個拳擊手，希望能成為世界第一
哇喔～
我們夫妻倆來自神戶，這已經是第5次來住這家旅館了
大家都說我長得很像夏川里美～
ㄜ…我來自東京，一個人來這裡旅行～
大家好
自我介紹結束後
太陽就快下山了，想看夕陽的人一起往西濱移動吧～
夕陽？
於是大夥兒慢慢踱步到海岸邊觀看落日
哇啊～
好漂亮～
耶耶
其他旅館的客人也來這裡
夕陽下山後大家再度回旅館繼續吃喝玩樂
啪啪
沖繩民謠
我已經吃不下了……
稱為「三線」的琉球三味線
哇哈哈
像這樣大家聚在一起聊天，沖繩的方言稱為「YUNTAKU」
♪～
♫～
哇哈哈
一票人聚在一起真好玩…
香蕉加泡盛

想看星星的人
請在9點集合
一起到海邊去～
太陽下山後幾乎沒有街燈的
小島上真的是一片漆黑…
哇嗎～
後面的人有跟上嗎～？
手電筒
因為害怕
大家手牽著手
對於在東京習慣了夜生活的我
來說真是個新鮮的體驗…
漆黑中夜空閃耀著
巨大而明亮的星光
哇～
驚豔—
喔喔～
看傻了—
好美啊～
當時的季節甚至還能看到銀河，
美得讓人起雞皮疙瘩…
接下來我們回旅館
繼續談天說地…
哇哈哈
至於那些還沒看夠星空的人
乾脆躺在旅館前的馬路上
繼續享受星光
好美的星星啊～
哇～
有蟑螂～
即便到了晚上
地面還是
像炕床般溫熱……

大家快來看～
那邊的甘蔗田
超漂亮的～
從甘蔗田裡仰望星空…
哇，
流星耶!!
咦？
在哪裡～？
我要錢！
錢！錢！
許願中
喔～
從附近的民宿傳來陣陣
笑聲與三味線的樂音…
乒啷～
噹啷～
哇哈哈……
想想…
能夠一個人
出來旅行真好…
擁有了許多
美好的初體驗…
一位剛開始一個人旅行的女孩
輕輕吐露了心情…
此情此景，
我永遠不會忘記
乒啷～
噹啷～
……
隔天早上…
早餐的分量還是那麼多
嚼
嚼
今天打算
做甚麼啊～？
嗯～
也許去釣魚吧～
我想去海邊
悠閒一下～
嗝

對了…昨天我就發現
有不少一個人旅行的人
來這家民宿投宿過好幾次…
我每年都會來唷
這次要連住4晚!!
就像回到家裡一樣自在~♥
通鋪的女室友也……
這是第3次住這裡了~
一個人旅行最重要的是
到沒去過的地方，看沒看過的東西!!
長久以來都這麼認為的我
為甚麼他們會如此留戀同一個地方，甚至一去再去呢…
雖然覺得有點不可思議…
不過，找到一個喜歡的地方，在那裡隨心所欲地過日子…
想像圖
發呆~
在旅程中細細玩味著時間…
擁有這麼一個屬於自己的地方，很有大人的感覺呢~
…也是挺不錯的
這一天我再次騎上腳踏車在島上隨處打轉…
今天同寢室的女室友也一起來了♥
傍晚搭船回石垣島，等我到達公寓時
關門
我回來了~
波照間
竟然有一種回到家的感覺

對我來說，暫居在石垣島上的每一天都是如此新鮮有趣
我天天上超市採買…
這叫「苦菜」呀～
嘗試買一些未曾見過的蔬菜回來料理
有時失敗
嗚…真的好苦…
直接將菜下鍋熱炒
有時成功
我的第一盤木瓜炒肉～!!
做得很好喔
有一次很想喝味噌湯，於是去買味噌…
嗯嗯…我沒看過這種味噌耶…
沖繩味噌
沖繩味噌……
沖繩味噌
味噌
沖繩味噌(5人份)
豬三層肉 200g
乾香菇 2～3朵
蒟蒻 200g
蜂蜜蛋糕魚板 100g
豬高湯・柴魚高湯
沖繩味噌
①將豬三層肉切小段放置蒟蒻搓鹽香菇切丁蜂蜜蛋糕魚板
就是這個
啊 上面有附食譜耶？蜂蜜蛋糕魚板？
真的有賣那種東西嗎？
大特價
SALE
我不知道這裡究竟有沒有賣，不過魚板是石垣島名產，賣場裡也陳列著各式各樣的魚板…
胡椒魚板 ¥315
艾草魚板 ¥315
海藻魚板 ¥315
苦瓜魚板 ¥315
巴婆果魚板 ¥315
魚板棒 魚板片 ¥294
魚板是一種很像天婦羅的食物。
沒有附板子。
有時還能發現未曾見過的魚板
還真的有耶!! 蜂蜜蛋糕魚板
果真!!

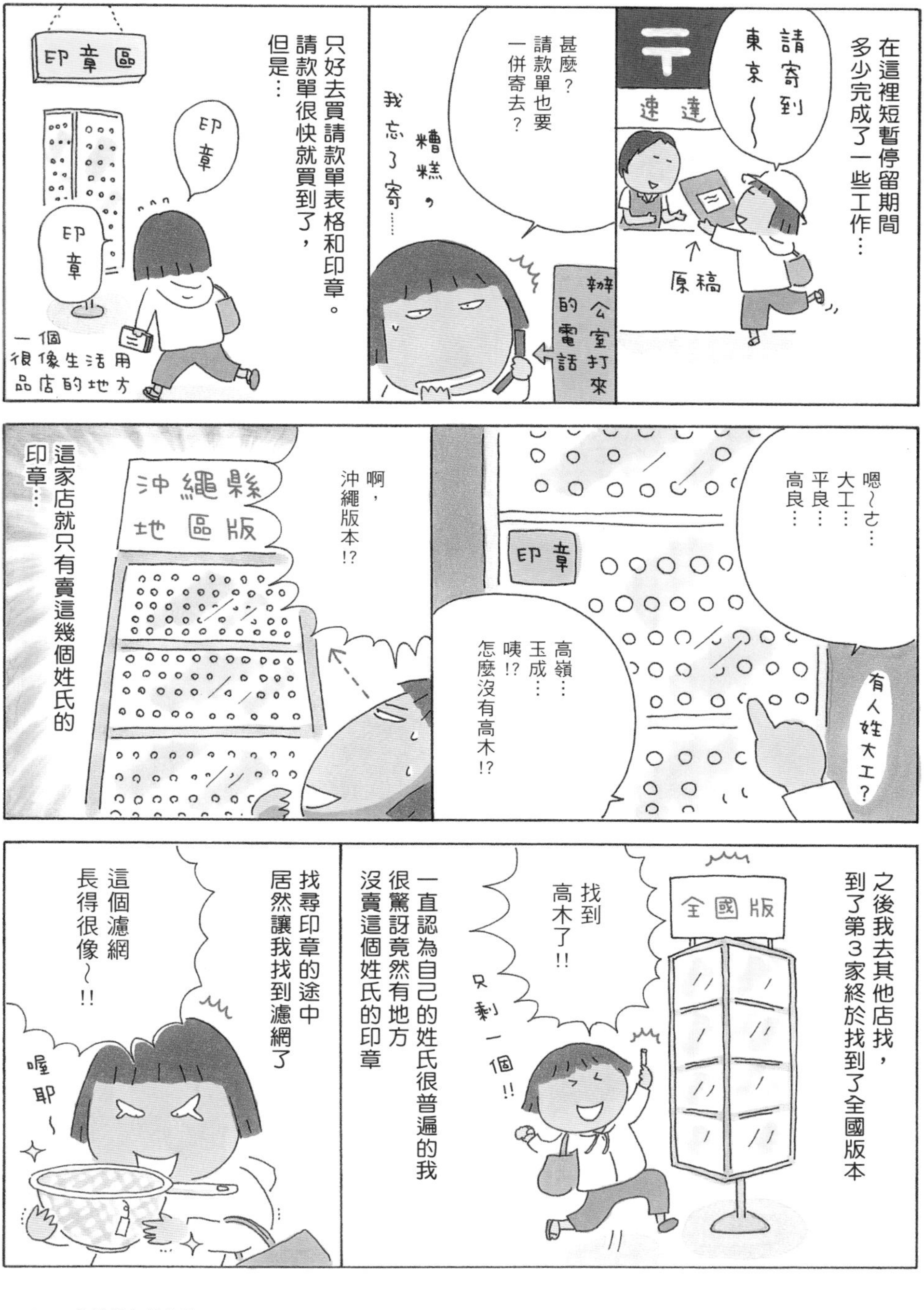
在這裡短暫停留期間多少完成了一些工作…
請寄到東京～
〒
速達
原稿
甚麼？請款單也要一併寄去？
糟糕，我忘了寄……
辦公室打來的電話
只好去買請款單表格和印章。請款單很快就買到了，但是…
印章區
印章
印章
一個很像生活用品店的地方
嗯～ㄊ…大工…平良…高良…
印章
有人姓大工？
高嶺…玉成…咦!?怎麼沒有高木!?
啊，沖繩版本!?
沖繩縣地區版
這家店就只有賣這幾個姓氏的印章…
之後我去其他店找，到了第3家終於找到了全國版本
全國版
找到高木了!!
只剩一個!!
一直認為自己的姓氏很普遍的我很驚訝竟然有地方沒賣這個姓氏的印章
找尋印章的途中居然讓我找到濾網了
這個濾網長得很像～!!
喔耶～

我在街上胡亂逛著時經常看到這個…
石敢當
那是甚麼啊…
名牌嗎？
這個稱為「石敢當」的東西是人們用來避邪的
有各種模樣
手寫款
石敢當
石碑款
石敢當
華麗款
石敢当
也有人寫成「当」
這裡也有呢
石敢當
一邊走一邊找尋石敢當挺好玩的
各種東西東買一點西買一些，然後全部打包成土產伴手禮寄回老家，送給家中二老
呵呵呵…
沖繩鹽仙貝
ORION啤酒
鳳梨與芒果
跟人家要的紙箱
海藻
父母親吃了鳳梨後被它的香甜美味感動得直掉淚
這……
這東西!!
？
太好吃了~!!
這裡的刨冰好吃得很，每天都要吃上一碗…
芒果冰
紅豆
八重山麵也好吃極了♡
我就這樣在石垣島上悠閒的過日子

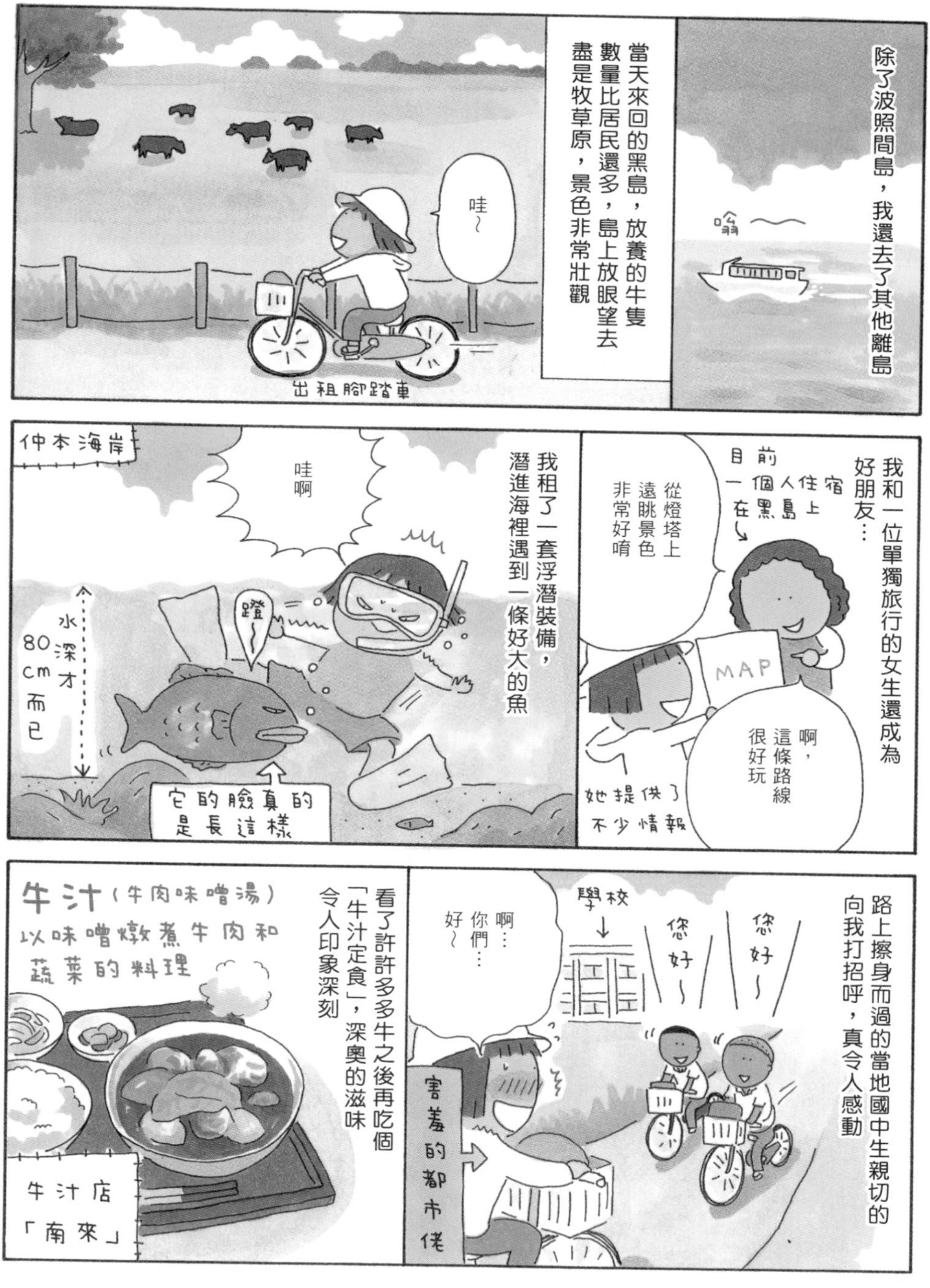
除了波照間島，我還去了其他離島
嗡～～
當天來回的黑島，放養的牛隻數量比居民還多，島上放眼望去盡是牧草原，景色非常壯觀
哇～
出租腳踏車
我和一位單獨旅行的女生還成為好朋友…
目前一個人住宿在黑島上
從燈塔上遠眺景色非常好唷
啊，這條路線很好玩
她提供了不少情報
我租了一套浮潛裝備，潛進海裡遇到一條好大的魚
仲本海岸
哇啊
蹬～
水深才80cm而已
它的臉真的是長這樣
路上擦身而過的當地國中生親切的向我打招呼，真令人感動
您好～
您好～
學校
啊…你們…好～
害羞的都市佬
看了許許多多牛之後再吃個「牛汁定食」，深奧的滋味令人印象深刻
牛汁（牛肉味噌湯）
以味噌燉煮牛肉和蔬菜的料理
牛汁店「南來」

既然要去離島，還是很想在那兒住一夜…
嗯～我只有一個人，請問明天有空房可以住一晚嗎？
觀光
指南
急忙訂好旅館後立刻出發往竹富島
這個距離石垣島只有10分鐘的地方盛開著各種美麗的花朵，是個氣氛全然不同的可愛小島
砂石路
我搭著牛車在島內觀光
高歌沖繩民謠
水牛車
走得超級慢
緩慢
緩慢
還爬上了很恐怖的展望台「平靜之塔」
嗚～
Nagomi之塔
很陡的樓梯
一抵達觀賞夕陽的最佳景點西棧橋時…
一堆人都來這裡看夕陽
咦？
竟然遇到在波照間島時住同旅館的房客
啊～
咦～
通鋪女室友
喔～
剛開始一個人旅行的女孩
回想起來當初她們的確說過要去竹富島……

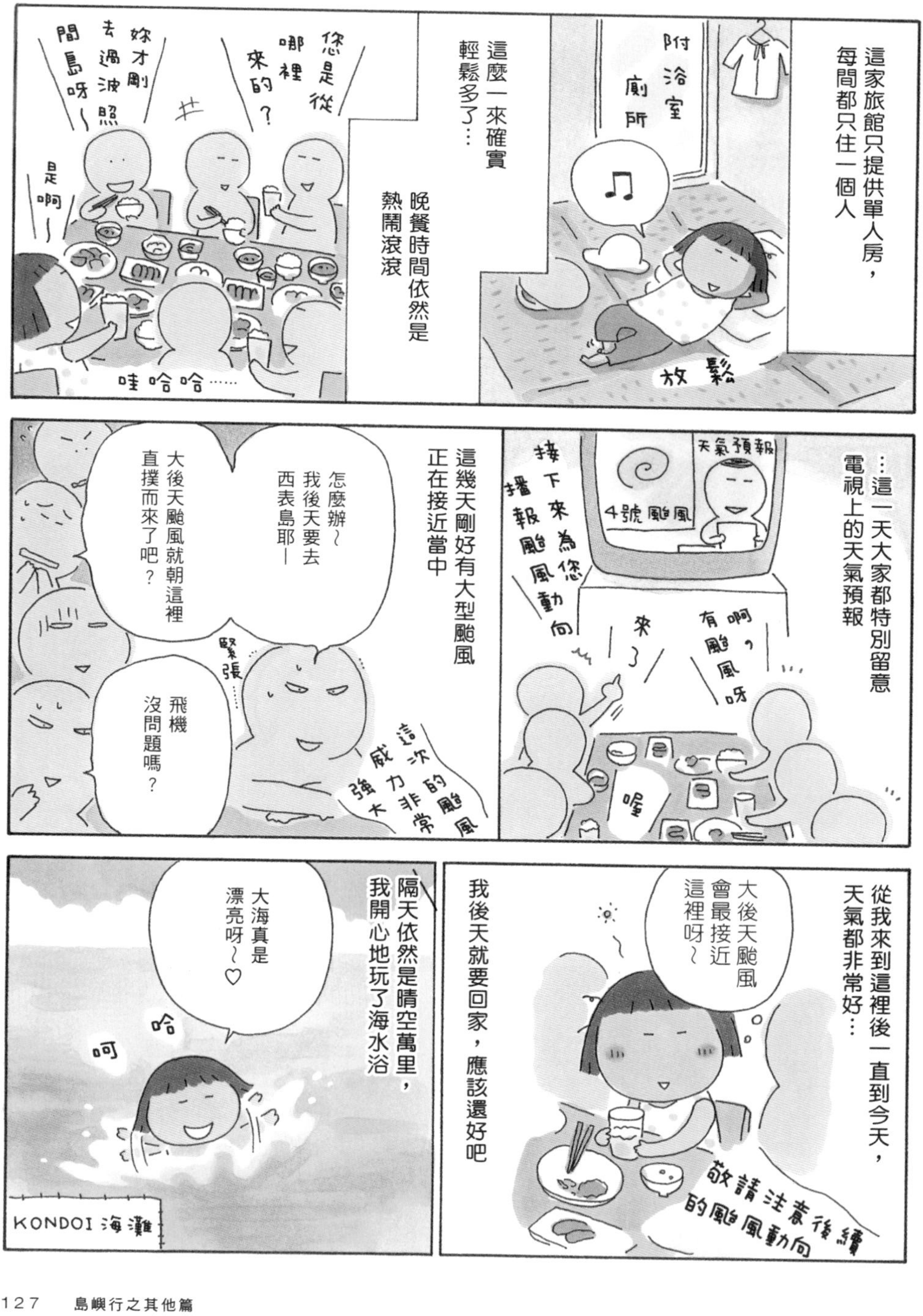
這家旅館只提供單人房，每間都只住一個人
附浴室
廁所
放鬆
這麼一來確實輕鬆多了…
晚餐時間依然是熱鬧滾滾
您是從哪裡來的？
妳才剛去過波照間島呀～
是啊～
哇哈哈……
…這一天大家都特別留意電視上的天氣預報
天氣預報
4號颱風
接下來為您播報颱風動向
來了
啊，有颱風呀
喔
這幾天剛好有大型颱風正在接近當中
怎麼辦～我後天要去西表島耶—
大後天颱風就朝這裡直撲而來了吧？
緊張……
飛機沒問題嗎？
這次的颱風威力非常強大
從我來到這裡後一直到今天，天氣都非常好…
大後天颱風會最接近這裡呀～
我後天就要回家，應該還好吧
敬請注意後續的颱風動向
隔天依然是晴空萬里，我開心地玩了海水浴
大海真是漂亮呀～♡
呵
哈
KONDOI海灘

浮躺在海平面上仰望
綿延無際的晴空…
眼裡除了天空
沒有其他…
甚~麼事都不做…
…
就這樣漂浮在海面上…
覺得現在
好幸福哦~
腦袋裡就只有
這個念頭
結束在竹富島的觀光後，
回石垣島的公寓度過此行的
最後一夜…
……
不過才2個禮拜，
房間已經亂成這副德行
亂七八糟
撿來的珊瑚
東西爆增

首先將行李打包裝箱…
喝~~
亂塞
打掃打掃
亂塞
簡直就像搬家前一天般忙碌……
把行李送到便利店快遞回東京家裡
這…這包要寄到東京…
超重
冰箱也要清理清理…
把所有剩菜全拿來
做成最後一頓晚餐~!!
豐~盛
待在石垣島上的最後一夜就這樣慢慢到天明…
嗝
隔天離開前心中突然有點依依不捨…
空~蕩
……
謝謝你這幾天的照顧…
熱淚盈眶
我和這間陪我度過2個禮拜的房間道別…
鑰匙

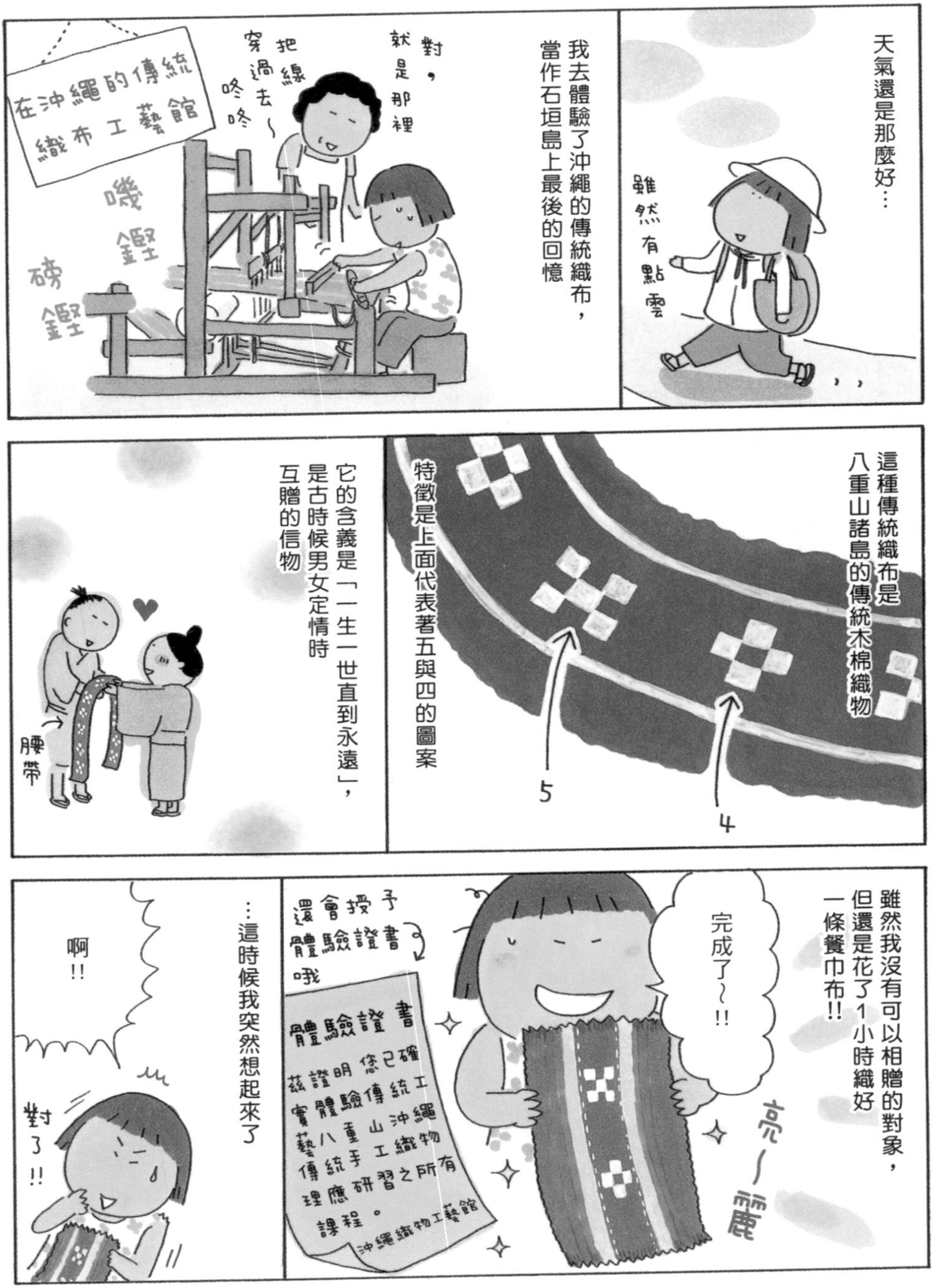

天氣還是那麼好…
雖然有點雲
我去體驗了沖繩的傳統織布，當作石垣島上最後的回憶
對，就是那裡
把線穿過去～
咚咚
在沖繩的傳統織布工藝館
嘰鏗
磅鏗
這種傳統織布是八重山諸島的傳統木棉織物
特徵是上面代表著五與四的圖案
5
4
它的含義是「一生一世直到永遠」，是古時候男女定情時互贈的信物
腰帶
雖然我沒有可以相贈的對象，但還是花了1小時織好一條餐巾布!!
完成了～!!
亮～麗
還會授予體驗證書哦
體驗證書
茲證明您已確實體驗傳統工藝八重山沖繩傳統手工織物理應研習之所有課程。
沖繩織物工藝館
…這時候我突然想起來了
啊!!
對了!!

我急忙跑回公寓…
3-B
呼…幸好管理公司的人還沒來
我打開冰箱一瞧
果然在這裡!!
啪
沒錯…我完全忘了自己把白飯用保鮮膜包起來放在冷凍庫裡
只好拿出來用微波爐加熱
好燙……
包成飯糰帶在身上
公寓所附的廚具裡包含了鹽巴
食鹽
保鮮膜
唉唷~行李變重了~
裡面還放著筆記型電腦
呼~
沉重
這時我還不曉得這個鹽巴飯糰等一下會變得多重要…
啪咚
再見再見
嘿嘿，謝啦~
第2次的道別爽快多了
走出門外發現竟然下著雨…
喔
於是抱持著愉快的心情往機場出發了
巴士
嘟嘟~

波照間島

喀嚓

以自拍器拍張照片~

第二天和通鋪女室友一起去吃的午餐還附了啤酒

羊背上立著黑烏鴉……的畫面

旅館老闆自己畫的圖

旅館的晚餐

有香蕉

飯份量特多……

超好吃的麵

超級好吃的泡盛冰淇淋

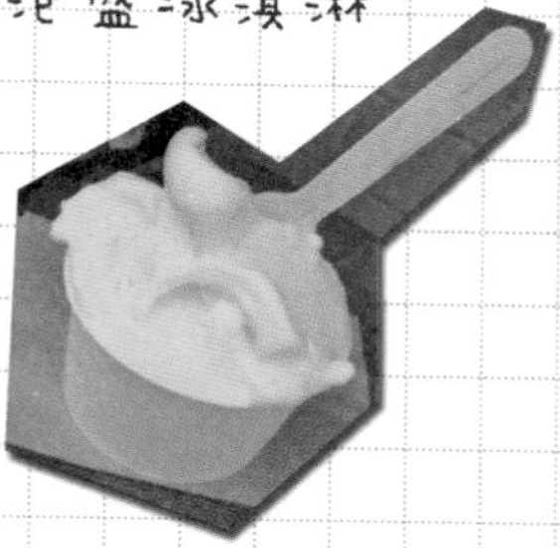

藍色大海裡混雜著各種的藍……

夢幻之酒……

通往海邊的路……

喀答鏗咚

我的愛車★

清涼～♡

好吃～♡

太好吃了～♡

大家一起看夕陽……

啪沙～

啪沙～

天空、大地都
非常空曠……

黑島

哞～

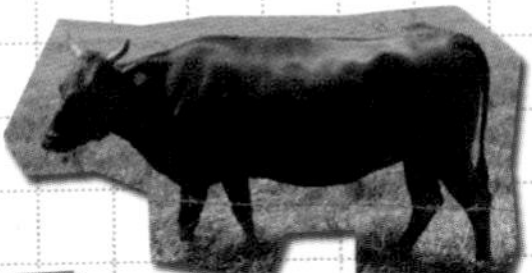

買了麵包

牛肉
味噌湯……

數量稀少的島上小店

展望台

沒有半個人的海岸……

美麗的花兒

牛角上繫著小花真可愛呀♡

啊～一個人的旅行～

竹富島

吼～

呵

到處可見個性十足的石獅像

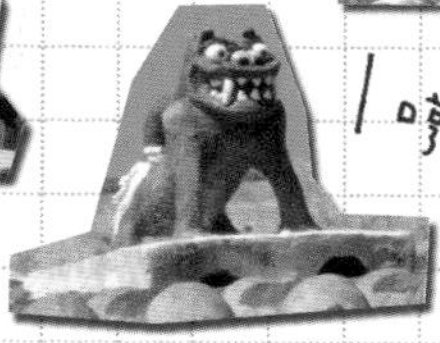

哼

一到晚上便閃閃發光的砂石路……

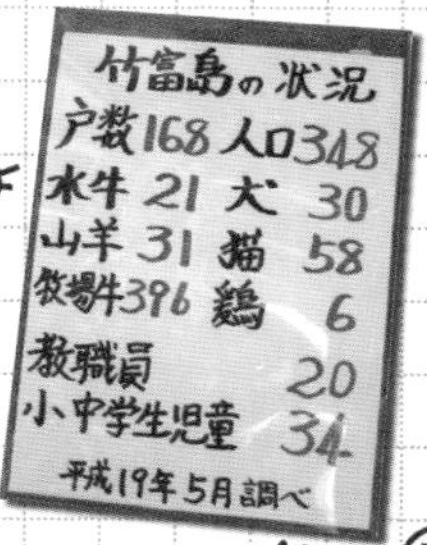

午餐是八重山麵♡

透心涼的點心

每天
都要吃哩——♡

紅豆刨冰②

紅豆刨冰①

軟綿的
芒果冰

紅地瓜冰淇淋

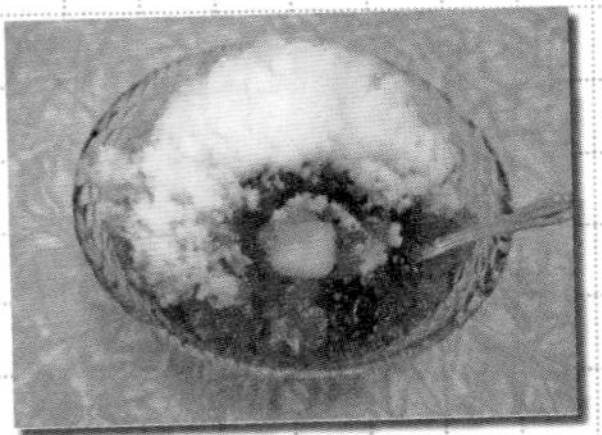

紅豆刨冰③

石敢當

有造型可愛的，
也有充滿神秘
感的……

低調派

空間
不夠寫派

硬漢派

象形文字派

水管派

花園派

隨性派

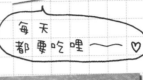

招牌

四處亂晃時發現的各種招牌……

實在沒勇氣吃……（羊肉味噌湯麵）

火熱印象

超有沖繩味的招牌

好性感的海報呀♡

生魚片店特別多!!

☞標準派

☞神秘派

☞不塗油漆派

☞華麗派

☞躲躲藏藏派

☞狂野派

☞時尚派

☞簡潔派

石垣島的魚板稍微烤一下沾點醬油
好吃～
這裡有賣超巨大的麵麩
這東西要怎麼煮呀……
一到中午12～2點走路的話……
危險……
很希望出租公寓能提供……座墊
腳麻～
石垣市木瓜研究所
很吸引我……
天空
好寬～闊唷

有很多
寄居蟹
愛上沖繩的旅人們
都很會唱沖繩民謠
在竹富島上清晨
踩著腳踏車準備
去看朝陽……
已經高高升起了
呼
呼
剛出爐沖繩
油炸甜甜圈
買了瓶裝啤酒……
石垣
啤酒
啊～
我沒有開瓶器啦～
路上的人孔蓋
超漂亮♡
映照著南十字星的島嶼
波照間污水

沖繩八重山集錦

光用眼睛看就很好玩的
石垣公共市場

一生一世
直到永遠…

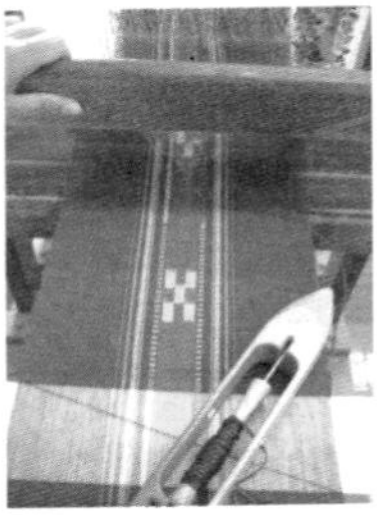

買了夢幻之酒
泡波當伴手禮…

雖然很嚮往長時間的旅行，但對於只要處於陌生環境中就容易緊張、疲倦的我來說，住宿旅館的確是一件很棒的事，但若能住在單人房，不但能讓我覺得放鬆，心情上也比較沒有負擔。我習慣了一個人過日子，很容易適應環境，但對於那些和家人們同住的旅人來說，這樣的經驗應該也挺新鮮的。

這裡的碧海、藍天以及四周彌漫的空氣，都和東京截然不同。回家之後偶然想起這裡的日子，感覺就像做了一場夢，非常的不可思議。真想再回到那片美麗的大海，躺在她的懷裡漂浮悠游啊。

➡DATA
WEEKLY MANSION 登野城家 ●沖繩縣石垣市字平得127-1（經營・kansei-home）☎TEL：0980-88-8491 http://www.mensole-iju.com/
石垣市公共市場 ●沖繩縣石垣市大川208
MARINE SERVICE NAPOLEON ●沖繩縣石垣市川平913 ☎TEL：0980-88-2557 http://napoleon.ne.jp
MEGALOPA（環保之旅）●沖繩縣石垣市桴海337-6 ☎TEL：0980-89-2480 http://www.kumanomi.to/megalopa/
民宿TAMASHIRO ●沖繩縣八重山郡竹富町波照間539 ☎TEL：0980-85-8523
沖繩傳統工藝館 ●沖繩縣石垣市登野城909 ☎TEL：0980-82-3473 http://www.minsah.co.jp/

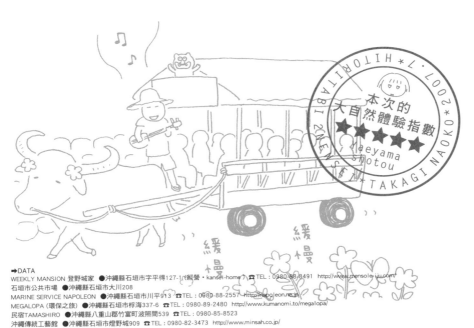

特別報導

竟然發生在我身上之班機停飛篇

抵達石垣機場時
突然下起大雨，
機場內一片混亂
石垣機場
嘩
嘩
嘩
嘩啦～
是因為颱風的關係，
有些班機停飛了
我要搭的航班雖然誤點，
但預計還是會起飛，
問題是接下來要轉搭的班機…
怎麼辦……
班機將視情況
可能降落於宮古島
或鹿兒島機場
廣播也這麼說
當初…
來的時候搭的是直航機，
回程預定的是從
那霸機場轉機的班次
從石垣到那霸訂的是ANA機票，
為了省點錢，
從那霸到東京訂的則是
SKYMARK的班機
石垣
ANA
那霸（轉機）
SKY
GOAL
羽田
由於石垣機場裡
沒有SKYMARK的櫃檯，
無法詢問詳情…
打電話到服務中心也沒人接……
嘟～
嘟～
據說好像停飛了…
姐姐傳來的簡訊
SKYMARK好像停飛哦
啊
於是我被迫只能有一個選擇
是要先飛到
那霸再說，
還是暫時留在
石垣島呢…
拜託一下的話，
說不定還能繼續
住那間公寓……
可是其他乘客
好像都要上飛機…
ANA
班機
現在
開始登機
緩緩
前進
還是先飛到那霸
再想辦法吧…
就這樣上了飛機到那霸去…
ANA
比預定時間
晚1小時抵達
到了那霸機場…
搭乘ANA
往羽田機場的旅客
請快點過來!!

飛機要馬上飛了!!
ANA
哇~
哇~
嗚……也讓我上飛機吧……
衝衝衝
←SKYMARK機票
同機的乘客幾乎都繼續搭乘ANA的班機走了，只有我被留了下來
←ANA班機沒有停飛
回頭一看，整個那霸機場也是一片混亂!!
好像迪士尼樂園的排隊長龍哦!!
一長串~~
媽呀~比石垣機場更嚴重
我跑到SKYMARK的櫃檯詢問狀況…
很抱歉，目前這班飛機停飛哦
SKY
僵
這樣啊……
這裡倒是滿空蕩的……
請問…飛機停飛的話我該怎麼辦？
我們的飛機今天都不升空，必須請您重新預約明天的航班，不過明天也有可能整日都停飛哦
明天直撲
那霸
甚麼!?明天也可能整日停飛!?
是的…因為接下來颱風會越來越接近這裡
或者您也可以改買其他航空公司的機票，只是接下來要起飛的班機所剩無幾了…
那霸的旅館很快就會被訂光，您若要住宿最好快點預訂
SKY
住宿費必須自己負擔
那霸市内旅館價格表
您可以參考這張表
傻眼~

眼看窗外的風雨越來越大…
咻~
咻~
抖~
最糟糕的是我的行李幾乎都快遞回家去了…
啊!!就算住下來，身邊也沒有換洗衣物和盥洗用具!!
只有剛才織好的沖繩手織餐巾布
颱風可怕的啊!!
哇嗚~人家想回家啦!!
哪裡都好，快讓我回本州去…!
我找了一下有沒有今天起飛的班次…
哪裡都行，有沒有班機要起飛呀
明天我得上班，能不能幫個忙啊?
沖繩糕點
到處可見驚慌失措的旅客
東張
西望
今天最後一班飛機將飛往名古屋!!
停
停
停
停
停
停
停
JAL 名古屋 18:15
停 飛
停 飛
對…對不起，請問那班往名古屋的班機還有空位嗎!?
啊…有的…
一旁經過的JAL空姐
像這樣班機停飛時，航空公司會發放空位候補券…
空位候補券
那霸 → 名古屋
JAL
同一航空公司的相同航線有空位出來前都能使用
於是我請她們給我候補券
一共是35600日圓
JAL
自動售票機
嗚…好貴……
嗶
嗶
以SKYMARK改買其他航空公司機票時得支付原定價，超貴
手上的SKYMARK飛往羽田機場的機票，當初買的是優待票才16500日圓……

我拿到的候補券是164號……
這個號碼想搭上這班飛機應該很難……
……
我不是很明白拿到這個號碼是有多淒涼……
眼看登機時間就快到了，我趕緊到轉機櫃檯等待，萬一他們叫到我的號碼才能馬上登機
行李先檢驗
這班飛往名古屋的最後一班飛機也誤點了，櫃檯擠滿了等待的旅客——
JAL
名古屋 18:15
嘩
嘩～
分不清哪些人是真正的乘客，哪些人是來取消機票的
164
這時候，廣播響起了候補機位的叫號聲
持有115～120號候補券的旅客～
哇～
是我耶～
太棒了～
嗚嗚～我還得等上40號～～
164
與其這樣傻等機位飛到名古屋，不如改成明天飛往羽田的候補機位……
可是這樣就必須趕快訂今晚的旅館……
猶豫
喃喃自語
萬一旅館全都客滿，就只能睡在機場裡了～
在機場空椅上窩2晚
無力～
新聞裡經常出現的畫面
我不要啊～

候補券140號之前的旅客
落~淚
緩慢
緩慢
候補位置的叫號聲依然不停地播放著
很多人似乎都放棄了
JAL
145號之前的旅客
在不在
呀在~
145號之前的旅客~
嘩
嘩
很多號碼被叫到時人都沒有出現
150號之前的旅客~
150號之前的旅客~
哇~越來越接近了…
緊張
緊張
接下來…
等待候補的所有旅客請快點過來~!!
我…我有候補券…!!
164號!!
好的
日本航空航空券 成人普通票
高木直子小姐
那霸⇒名古屋
JAL
劃
圈
您的機位已經確定了，請務必準時上機!!
這瞬間…
確定
可以說是這趟旅程中最令人開心的一刻了…
載著我的飛機升空…
JAL
搖晃得很嚴重
哇~

一切塵埃落定後…
咕嚕
唉唷
我才想到今天還沒吃午餐
找找看有沒有東西吃~
我伸手在背包裡翻來翻去…
翻找
沒有提供飛機餐
對了，這個飯糰…
啊
在石垣島的兩個星期真是開心哪…
這時終於有心情回想這次一個人旅行時的點點滴滴
嚼 嚼
抵達名古屋後我先回三重的老家
哇~怎麼曬得這麼黑呀~
簡直就是個黑人~
有…
父
母
狗狗
小不點
仔細一看真的很黑耶……
有那麼黑嗎？
雖然機票很貴，還好可以順便回老家探望…
隔天在老家看了關於颱風的報導，嚇得我渾身發抖
風雨交加十分猛烈
咻
咻~
沖繩本島暴風雨!!
哇~~
LIVE
幸好我已經離開那裡了……
從石垣直撲那霸
我當初寄來的土產ORION啤酒還剩下幾瓶，於是拿出來喝…
那裡的海很漂亮哦~
喔~
唷喔~（是喔）
沖繩糕
旅程中的美好記憶得以延續

遇到飛機停飛該怎麼辦？

飛機怎麼可能停飛啦！
為了預防萬一，我們特地詢問了JAL公司，
告訴我們遇到班機停飛時該怎麼做才好!!

Q1　知道飛機停飛時首先該做些甚麼？

A　首先應該蒐集情報。班機停飛時，機場內的廣播或顯示燈會提示旅客接下來的手續。有任何不清楚的地方，都可以詢問相關人員。

Q2　聽說候補機位時，候補券還有分「特別機位候補券」和「一般機位候補券」，這兩種有甚麼不一樣嗎？

A　「特別機位候補券」是指旅客預約的班機一旦停飛，航空公司就會發行這種候補券，旅客所持的每張機票都可以兌換一張相同目的地的候補券。

如果是目的地不同、或者手中持有的是其他航空公司的機票，旅客就必須重新購買機票，此時航空公司發行的就是「一般機位候補券」(這次高木小姐購買的就是這種候補券)。

不過，根據機票種類的不同，有些航空公司可以接受旅客直接使用其他公司的機票。無論是哪種候補券，都必須按照票面上的編號順序，依序登機。

機場販賣部的食物一掃而空…

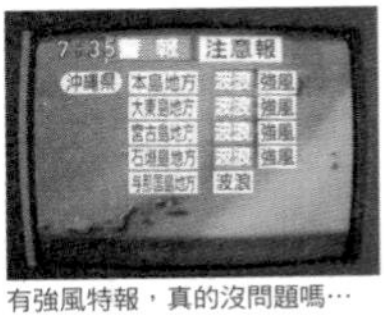

有強風特報，真的沒問題嗎…

Q3　哪種機票是其他航空公司也可接受使用的？

A　若是機票的所屬航空公司與其他航空公司彼此有簽約關係，就可以直接拿著機票搭乘其他有合作關係的航空公司班機。

不過，若是乘客持有的是折扣票、或享有所屬航空公司提供的優惠，一旦要搭乘其他航空公司的班機，原先的機票必須先辦理退票，另外再購買其他航空公司的機票。

如果不清楚自己購買的機票種類，可以洽詢相關人員。

Q4　假設旅客同時購買了飛往羽田與名古屋的機票與候補券，屆時若只搭乘了其中一班飛機，另一張沒有使用的機票或候補券可以取消、辦理退費嗎？

A　旅客只需支付退票手續費(420日圓)，未使用的機票即可辦理全額退費。至於沒使用的候補券，請於辦理搭機手續時退還。

被…被劃圈了!!

到處可見等待候補機位的旅客

Q5　候補券叫號時，若是被叫到號碼的旅客不在現場，候補資格是否就失效了？

A　持有「特別機位候補券」的旅客被叫到號碼時若是不在現場，候補資格並不會失效。不過會讓叫號時提出搭機要求的旅客優先上機。

至於持「一般機位候補券」的旅客，叫號時若不在現場，候補資格就會被取消。

Q6　若是因為轉機的航班停飛，旅客因而取消後續的班機時，取消的機票可以獲得全額退費嗎？此外，若是轉機的航班屬於其他航空公司，又會如何處理？

A　在這種狀況下，旅客取消機票時不需要支付手續費，便可獲得全額退費。即使轉乘的班機屬於其他航空公司，只要旅客持有停飛證明書，依然可獲得全額退費。

如果旅客沒有停飛證明書，只要確認過的確有停飛事實，一樣可以全額退費。

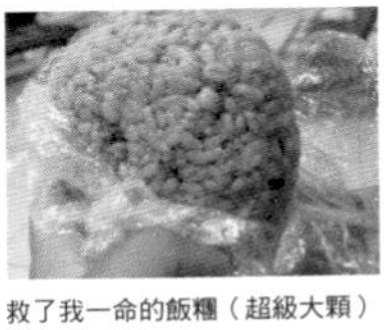

救了我一命的飯糰（超級大顆）

Q7　遇到班機停飛時，哪種情況下航空公司會代墊住宿費用？

A　若是因為航空公司自身造成的停飛事實（例如機械故障），以至於旅客必須投宿旅館時，航空公司將會負擔所有的住宿費用。

Q8　因為遭遇班機停飛，旅客無法回家時，可以夜宿機場嗎？

A　雖然機場的管理運用單位機場大樓公司過去也曾經因天候的原因，允許旅客在機場過夜，但基本上機場內是不提供住宿的。機場裡設有觀光諮詢服務處，可提供旅館名單給有困難的乘客，大家不妨多多利用。不過，預約旅館或詢問是否有空房，就必須由乘客自行處理了。

※遇到班機停飛時，機場通常會陷入一片混亂，航空公司多少會有一些臨時的應變措施。

回答／日本航空&日本TRANS OCEAN航空公關部

撰文／編輯部

一想到自己曾經待在那裡…抖抖

後記

雖然我嘗試過各式各樣的一個人旅行，

但直到今天，我對於自己的一個人旅行依然沒有多大的自信，

偶爾心裡也會浮起這樣的念頭：

「其他人一個人旅行時都是怎麼做？

他們的旅程會比我更加優遊自在嗎？

啊～真想偷偷跟在某位同樣是一個人旅行的旅人後面，看看他是怎麼做的!!」

我想像中的一個人旅行沒有絕對的好或不好，

一個人去流浪、結交各路好友；

一個人絕對辦不到的旅行；

探索自我的旅行；

腦袋放空，甚麼都不去想的旅行；

老老實實的巡迴各個觀光勝地；

心不在焉地迷了路；
高興的時候張嘴大笑，寂寞的時候就裝憂鬱；
奢華的一個人旅行，節儉的一個人旅行，
不論是哪一種，都是發自內心、令人欲罷不能的一個人旅行。
反正到時候只要能夠平平安安回到家就好了呀～
這是我目前的心得。
最後，我要感謝這次承蒙照顧的旅館、民宿、商店與單位，
以及旅程中有緣相逢的朋友們。
驀然回首，曾經發生的一切，早已變成我最美好的回憶。

二〇〇七年秋天　高木直子

たかぎなおこ 祝 20周年 ANNIVERSARY

賀　高木直子日本出道20周年

非常感謝
各位讀者20年份的
支持與鼓勵!!

敬請期待！

2024
台灣 20 周年
系列活動！
Comming Soon!!

大田出版最新訊息

大田 FB

大田 IG

大田 Youtube

便當實驗室開張：
每天做給老公、女兒，
偶爾也自己吃

高木直子現在每天為女兒和老公帶便當。花心思切切煮煮，考慮菜色、味道、擺盤、份量。

做便當的每一天啊，以後想起來，也是記憶幸福味道的每一天呢。

媽媽的每一天：
高木直子東奔西跑的日子

人氣系列：來到《媽媽的每一天》最終回，依依不捨！
同場加映：爸爸的每一天，小亞充滿愛的視角大公開！
有笑有淚：高木直子 vs 女兒小米的童年回憶對照組！

媽媽的每一天：
高木直子陪你一起慢慢長大

不想錯過女兒的任何一個階段，二十四小時，整年無休，每天陪她，做她「喜歡」的事……
媽媽的每一天，教我回味小時候，教我珍惜每一天的驚濤駭浪。

媽媽的每一天：
高木直子手忙腳亂日記

有了孩子之後，生活變得截然不同，過去一個人生活很難想像現在的自己，但現在的自己卻非常享受當媽媽的每一天。

已經不是一個人：
高木直子 40 脫單故事

一個人可以哈哈大笑，現在兩個人一起為一些無聊小事笑得更幸福；一個人閒散地喝酒，現在聽到女兒的飽嗝聲就好滿足。

再來一碗：
高木直子全家吃飽飽萬歲！

一個人想吃什麼就吃什麼！兩個人一起吃，意外驚喜特別多！現在三個人了，簡直無法想像的手忙腳亂！
今天想一起吃什麼呢？

150cm Life
（台灣出版 16 周年全新封面版）

150 公分給你歡笑，給你淚水。不能改變身高的人生，也能夠洋溢絕妙的幸福感。送給現在 150 公分和曾經 150 公分的你。

一個人住第 5 年
（台灣限定版封面）

送給一個人住與曾經一個人住的你！
一個人的生活輕鬆也寂寞，卻又難割捨。有點自由隨興卻又有點苦惱，這就是一個人住的生活！

一個人住第幾年？

上東京已邁入第 18 個年頭，搬到現在的房子也已經第 10 年，但一個人住久了，有時會懷疑到底還要一個人住多久？

一個人住第 9 年

第 9 年的每一天，都可以說是稱心如意……！終於從小套房搬到兩房公寓了，終於想吃想睡、想洗澡看電視，都可以隨心所欲了！

生活系列

一個人漂泊的日子①
（封面新裝版）

離開老家上東京打拚，卻四處碰壁。大哭一場後，還是和家鄉老母說自己過得很好。
送給曾經漂泊或正在漂泊的你，現在的漂泊，是為了離夢想更進一步！

一個人漂泊的日子②
（封面新裝版）

一個人漂泊的日子，很容易陷入低潮，最後懷疑自己的夢想。
但當一切都是未知數，也千萬不能放棄自己最初的信念！

一個人好想吃：
高木直子念念不忘，
吃飽萬歲！

三不五時就想吃無營養高熱量的食物，偶爾也喜歡喝酒、B級美食……
一個人好想吃，吃出回憶，吃出人情味，吃出大滿足！

一個人做飯好好吃

自己做的飯菜其實比外食更有滋味！一個人吃可以隨興隨意，真要做給別人吃就慌了手腳，不只要練習喝咖啡，還需要練習兩個人的生活！

一個人搞東搞西：
高木直子閒不下來手作書

花時間，花精神，花小錢，竟搞東搞西手作上癮了；雖然不完美，也不是所謂的名品，卻有獨一無二的珍惜感！

一個人好孝順：
高木直子帶著爸媽去旅行

這次帶著爸媽去旅行，卻讓我重溫了兒時的點滴，也有了和爸媽旅行的故事，世界上有什麼比這個更珍貴呢……

一個人的第一次
（第一次擁有雙書籤版）

每個人都有第一次，每天都有第一次，送給正在發生第一次與回憶第一次的你，希望今後都能擁有許多快樂的「第一次」！

一個人上東京

一個人離開老家到大城市闖蕩，面對不習慣的都市生活，辛苦的事情比開心的事情多，卯足精神求生存，一邊擦乾淚水，一邊勇敢向前走！

一個人邊跑邊吃：
高木直子呷飽飽馬拉松之旅

跑步生涯堂堂邁入第 4 年，當初只是「也來跑跑看」的隨意心態，沒想到天生體質竟然非常適合長跑，於是開始在日本各地跑透透……

一個人出國到處跑：
高木直子的海外歡樂馬拉松

第一次邊跑邊喝紅酒，是在梅鐸紅酒馬拉松；第一次邊跑邊看沐浴朝霞的海邊，是在關島馬拉松；第一次參加台北馬拉松，下起超大雨！

一個人去跑步：
馬拉松 1 年級生
（卡哇依加油貼紙版）

天天一個人在家工作，還是要多多運動流汗才行！
有一天看見轉播東京馬拉松，一時興起，我也要來跑跑看……

一個人去跑步：
馬拉松 2 年級生

這一次，突然明白，不是想贏過別人，也不是要創造紀錄，而是想挑戰自己，「我」，就是想要繼續快樂地跑下去……

一個人吃太飽：
高木直子的美味地圖

只要能夠品嚐美食，好像一切的煩惱不痛快都可以忘光光！
只要跟朋友、家人在一起，最簡單的料理都變得好有味道，回憶滿滿！

一個人和麻吉吃到飽：
高木直子的美味關係

熱愛美食，更愛和麻吉到處吃吃喝喝的我，這次特別前進台灣。一路上的美景和新鮮事，更讓我願意不停走下去、吃下去啊……

一個人暖呼呼：
高木直子的鐵道溫泉秘境

旅行的時間都是我的，自由自在體驗各地美景美食吧！
跟著我一起搭上火車，遨遊一段段溫泉小旅行，啊～身心都被療癒了～

一個人到處瘋慶典：
高木直子日本祭典萬萬歲

走在日本街道上，偶爾會碰到祭典活動，咚咚咚好熱鬧！原來幾乎每個禮拜都有祭典活動。和日常不一樣的氣氛，讓人不小心就上癮了！

（行李箱捨不得貼紀念版）

一個人去旅行：
1 年級生

一個人去旅行，好玩嗎？一個人去旅行，能學到什麼呢？不用想那麼多，愛去哪兒就去哪吧！
試試看，一個人去旅行！

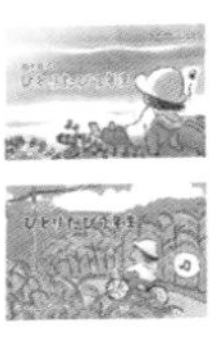

（行李箱捨不得貼紀念版）

一個人去旅行：
2 年級生

一個人去旅行的我，不只驚險還充滿刺激，每段行程都發生了許多意想不到的插曲……這次為你推出一個人去旅行，五種驚豔行程！

慶祝熱銷！
高木直子限量贈品版

150cm Life ②　　（獨家限量筆記本）

我的身高依舊，沒有變高也沒有變矮，天天過著 150cm 的生活！不能改變身高，就改變心情吧！ 150cm 最新笑點直擊，讓你變得超「高」興！

150cm Life ③　　（獨家限量筆記本）

最高、最波霸的人，都在想什麼呢？一樣開心，
卻有不一樣的視野！
在最後一集將與大家分享，
這趟簡直就像格列佛遊記的荷蘭修業之旅～

我的 30 分媽媽
（想念童年贈品版）

最喜歡我的 30 分媽咪，雖然稱不上「賢妻良母」啦，可是迷糊又可愛的她，把我們家三姊弟，健健康康拉拔長大……

我的 30 分媽媽 ②　（獨家限量筆記本）

溫馨趣味家庭物語，再度登場！
特別收錄高木爸爸珍藏已久的「育兒日記」，
揭開更多高木直子的童年小秘密！

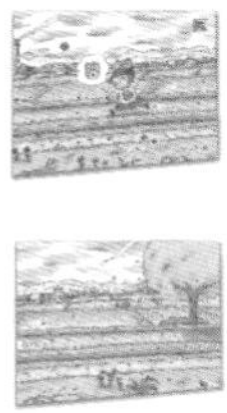

一個人的狗回憶：高木直子到處尋犬記
（想念泡泡筆記本版）

泡泡是高木直子的真命天狗！ 16 年的成長歲月都有牠陪伴。「謝謝你，泡泡！」喜歡四處奔跑的你，和我們在一起，幸福嗎？

高木直子周邊產品禮物書

Run Run Run

Titan 057

一個人去旅行2年級生

行李箱捨不得貼紀念版

高木直子◎圖文　陳怡君◎翻譯

出版者：大田出版有限公司
台北市10445中山區中山北路二段26巷2號2樓
E-mail：titan@morningstar.com.tw　http：//www.titan3.com.tw
編輯部專線：（02）25621383　傳真：（02）25818761
【如果您對本書或本出版公司有任何意見，歡迎來電】
行政院新聞局版台業字第397號

填寫回函雙重贈禮❤
①立即送購書優惠券
②抽獎小禮物

總編輯：莊培園
副總編輯：蔡鳳儀
行銷編輯：張筠和
行政編輯：鄭鈺澐
校對：陳佩伶／陳怡君
初版：二〇〇九年十月三十日
行李箱捨不得貼紀念版：二〇二三年十月一日
行李箱捨不得貼紀念版二刷：二〇二四年五月二十七日
定價：新台幣 330 元

購書E-mail：service@morningstar.com.tw
網路書店：http://www.morningstar.com.tw（晨星網路書店）
郵政劃撥：15060393（知己圖書股份有限公司）
印刷：上好印刷股份有限公司

國際書碼：978-986-179-829-5　CIP：731.9 / 112012574

真的很熱啊
不錯吧好吃吧
邊走邊吃冰淇淋
施工中